만화
베르나르 베르베르의
상상력 사전 1

NOUVELLE ENCYCLOPÉDIE DU SAVOIR RELATIF ET ABSOLU
Copyright © Éditions Albin Michel et Bernard Werber - Paris 2009

LE LIVRE SECRET DES FOURMIS
Copyright © Éditions Glénat/Drugstore, 2007

Korean Translation Copyright © The Open Books Co., 2010
This Comic Book Adaptation Copyright © The Open Books Co. and Kim Su-bak, 2010
All rights reserved.
This edition published by arrangement with Éditions Albin Michel and
Éditions Glénat through Shin Won Agency Co.

이 책의 한국어판 저작권은 신원 에이전시를 통해 저작권자와 독점 계약한 ㈜ 열린책들이 소유합니다.
신 저작권법에 의하여 한국 내에서 보호를 받는 저작물이므로 무단 전제와 무단 복제, 전자 출판 등을 금합니다.

이 책은 실로 꿰매어 제본하는 정통적인 사철 방식으로 만들어졌습니다.
사철 방식으로 제본된 책은 오랫동안 보관하여도 손상되지 않습니다.

만화
베르나르 베르베르의
상상력 사전 ₁

김수박 만화

더 깊고 풍부해진 상대적이며 절대적인 지식의 백과사전

이 책은 『베르나르 베르베르의 상상력 사전』(열린책들 발행)을 원작으로 하였습니다.

베르나르 베르베르

베르나르 베르베르는 일곱 살 때부터 단편소설을 쓰기 시작한 타고난 글쟁이다. 1961년 프랑스 툴루즈에서 태어났으며, 법학을 전공하고 국립 언론 학교에서 저널리즘을 공부했다. 저널리스트로 활동하면서 과학 잡지에 개미에 관한 평론을 발표해 오다가, 1991년 120여 차례의 개작을 거친 『개미』를 출간, 놀라운 과학적 상상력으로 전 세계 독자들을 사로잡으며 단숨에 주목받는 〈프랑스의 천재 작가〉로 떠올랐다. 이후 『타나토노트』, 『뇌』, 『나무』, 『파피용』, 『신』, 『제3인류』, 『고양이』, 『죽음』 등을 발표해 세계적 베스트셀러가 되었다. 그의 작품은 전 세계적으로 35개 언어로 번역되었으며, 2천만 부 이상 판매되었다.

만화가 김수박

1974년 대구에서 태어났으며 건축디자인을 전공했다. 대학신문에 시사만화를 연재하면서 만화가로서의 삶을 시작했다. 만화로 마음을 표현함으로써 건강한 정신과 행복을 얻고 있다. 『오늘까지만 사랑해』, 『아날로그맨』, 『사람의 곳으로부터』, 『내가 살던 용산』(공저) 등의 작품이 있고, 젊은 작가들이 모여 만든 만화지 『sal』의 창간을 주도하였다. 『아날로그맨』은 프랑스에서 『Quitter la ville』라는 제목으로 번역 출간되었다. 그 외에 『오늘까지만 사랑해』, 『내가 살던 용산』(공저), 『떠날 수 없는 사람들』(공저), 『빨간 풍선』, 『사람 냄새』, 『어깨동무』(공저), 『메이드 인 경상도』, 『아재라서』(전 2권) 등의 만화를 출간했고, 『더 힘들어질 거야 더 강해질 거야 더 즐거울 거야』라는 만화 에세이도 출간했다. 반도체 직업병 문제를 다룬 『사람 냄새』로 프랑스 녹색당이 수여하는 〈해바라기상〉을 수상했다.

옮긴이 이세욱

1962년에 태어나 서울대학교 불어교육과를 졸업하였으며, 현재 전문 번역가로 활동하고 있다. 옮긴 책으로 베르나르 베르베르의 『개미』, 『웃음』, 『신』(공역), 『인간』, 『나무』, 『상대적이며 절대적인 지식의 백과사전』, 『베르나르 베르베르의 상상력 사전』(공역), 『뇌』, 『타나토노트』, 『아버지들의 아버지』, 『여행의 책』, 움베르토 에코의 『프라하의 묘지』, 『로아나 여왕의 신비한 불꽃』, 『세상의 바보들에게 웃으면서 화내는 방법』, 『세상 사람들에게 보내는 편지』(카를로 마리아 마르티니 공저), 장클로드 카리에르의 『바야돌리드 논쟁』, 미셸 우엘벡의 『소립자』, 미셸 투르니에의 『황금 구슬』, 카롤린 봉그랑의 『밑줄 긋는 남자』, 브람 스토커의 『드라큘라』, 파트리크 모디아노의 『우리 아빠는 엉뚱해』, 장자크 상페의 『속 깊은 이성 친구』, 에리크 오르세나의 『오래오래』, 『두 해 여름』, 마르셀 에메의 『벽으로 드나드는 남자』, 장크리스토프 그랑제의 『늑대의 제국』, 『검은 선』, 『미세레레』, 드니 게즈의 『머리털자리』 등이 있다.

만화 베르나르 베르베르의 상상력 사전 1

지은이 베르나르 베르베르 **그린이** 김수박 **발행인** 홍예빈·홍유진 **발행처** 주식회사 열린책들 **주소** 경기도 파주시 문발로 253 파주출판도시 **대표전화** 031-955-4000 **팩스** 031-955-4004 **홈페이지** www.openbooks.co.kr Copyright (C) 열린책들·김수박, 2010, Printed in Korea.
ISBN 978-89-94041-47-6 07860 ISBN 978-89-94041-44-5(세트) **발행일** 2010년 8월 30일 초판 1쇄 2023년 10월 25일 초판 14쇄

이 도서의 국립중앙도서관 출판예정도서목록(CIP)은 서지정보유통지원시스템 홈페이지(http://seoji.nl.go.kr)와 국가자료공동목록시스템(http://www.nl.go.kr/kolisnet)에서 이용하실 수 있습니다.(CIP제어번호: CIP2010002651)

차례

- 8 들어가며
- 14 생각할 거리를 제공하는 장 : 존중과 이해
- 17 색채 심리학
- 18 각막으로 빛살이 들어오면
- 20 개미의 현대화 : 아르헨티나 개미
- 24 검열은 여전히 존재하는가?
- 26 검은 까마귀, 흰 까마귀
- 28 게슈탈트
- 30 경쟁자들 : 개미
- 32 경쟁자들 : 인간
- 34 공룡 : 스테노니코사우르스
- 36 광기
- 38 꿀술
- 40 꿈
- 44 나무의 의사소통 방식
- 46 놀이의 의미
- 48 당신은 누구인가?
- 54 대뇌 신피질의 시대
- 56 달걀
- 57 도시의 구역 배치
- 58 돌고래
- 62 두려움
- 64 두려움의 원천
- 66 동쪽을 향하여
- 67 레이저

- 68 마방진
- 72 마약중독자
- 74 마요네즈
- 75 마요네즈와 회화
- 76 모듬살이의 기원
- 79 말리에 사는 도공 부족
- 80 문명과 문명의 만남 : 구에레로
- 83 문명과 문명의 만남 : 아프리카
- 85 문명과 문명의 만남 : 이뉴잇
- 88 문명과 문명의 만남 : 일본
- 90 문명과 문명의 만남 : 중국
- 92 문자와 숫자 : 알파벳과 아라비아 숫자
- 93 미로
- 94 박테리아
- 96 뼈대
- 98 변이
- 99 사회성
- 100 평범한 삼각형
- 102 생각의 힘
- 104 선물
- 106 노인
- 107 선택
- 108 세계를 창조하는 법
- 112 소인국 사람들
- 114 수면

116 세스토드	165 인디언의 곰 덫
117 승리	167 음모가들이 지배하는 시대
118 시간	168 잡식 동물
119 시간 여행	169 전략
120 시공간의 문제	170 전체주의
122 싱가포르 : 컴퓨터 도시	172 정신권 : 집단적 무의식
127 아이디어를 찾는 방법	174 전사
128 아기의 애도	175 종이
130 아메리카 인디언	176 쥐들의 외통
136 알린스키 병법	178 지능과 환경
138 암캐미의 운명	180 지하철의 귀뚜라미
141 에너지	182 진나라 시황제
142 역지사지 : 열한 번째 계명	187 촉각의 착오
144 역학 관계	188 질서와 무질서
147 왜와 어떻게	190 카발라 명상법
148 연금술	192 컴퓨터가 아직 풀지 못하는 수수께끼
150 연대 의식	194 크리슈나무르티
152 영이라는 수	196 폭격기 딱정벌레
154 외계 생물	198 파킨슨 법칙
155 우리는 똑같다	199 최소 공배수
156 우주	200 한스의 속임수
158 원수를 사랑하기	204 클라인 병
159 웬다트 부족	205 함께 있기
160 육이라는 수	206 호르몬과 페로몬
162 인류의 미래	

들어가며

생각할 거리를 제공하는 장
: 존중과 이해

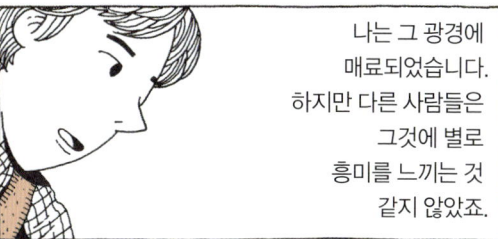

색채 심리학

연초록은 사람을 차분하게 만들어 줍니다.

감옥에서는 그 빛깔을 많이 활용하는 것이 좋을 듯합니다.

보라색은 두통을 일으킵니다.

검정색은 사물을 작아 보이게 하고, 주황색은 커 보이게 합니다.

옥색은 긴장을 풀어줍니다.

감색 상자는 연노란색 상자보다 더 무겁게 느껴집니다.

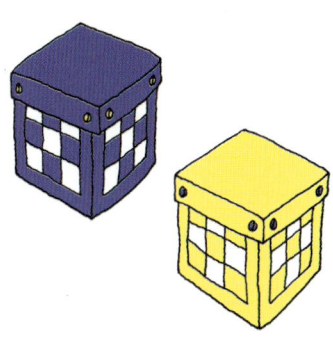

하얀 방에서는 연보랏빛 방에서보다 소음이 더 크게 들립니다.

각막으로 빛살이 들어오면

이 지면에 닿았다가 튀어나간 빛의 알갱이, 즉 광양자(光量子)가 당신의 각막에 입사(入射)됩니다.

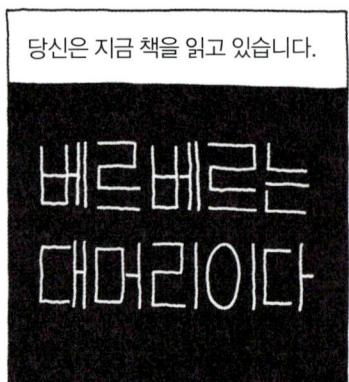

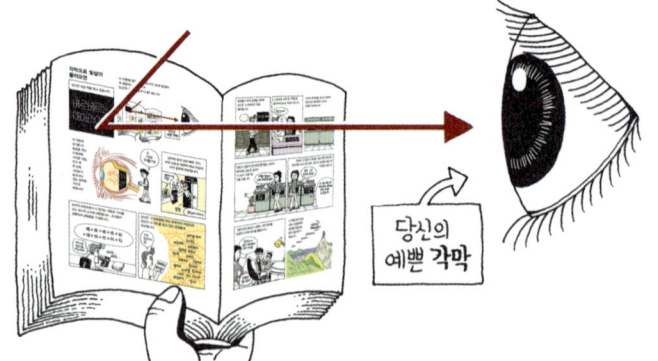

이 지면의 상(像)이 동공을 지나 수정체에 다다른 다음, 안구 벽 맨 안쪽, 시세포가 분포되어 있는 망막에 거꾸로 맺힙니다.

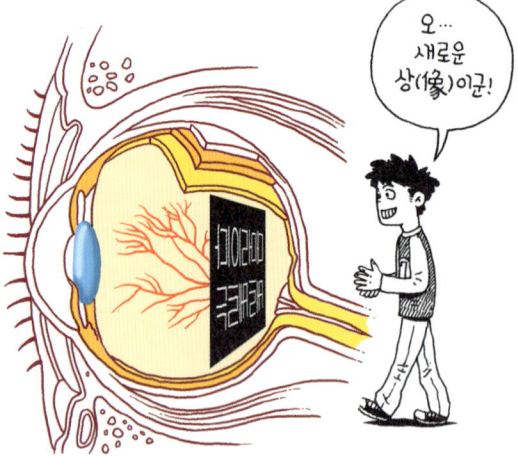

망막에 맺힌 상은 빠른 전기 화학 신호로 바뀌어 대뇌 피질의 시각 중추에 전달됩니다.

당신의 머릿속에서 각 문자는 대등한 가치를 갖는 하나의 소리에 대응됩니다. 소리들이 결합하여 낱말들을 구성합니다.

당신은 그 낱말들을 대뇌 속에 이미 저장되어 당신이 그 의미를 알고 있는 낱말들과 비교합니다.

개미의 현대화
: 아르헨티나 개미

아르헨티나 개미(이리도미르멕스 후밀리스)는 1920년 프랑스에 상륙했습니다.

Iridomyrmex humilis
종명인 humilis는 '키가 작다'라는 뜻.

프랑스 지중해 연안의 도로를 꾸미기 위하여 협죽도나무를 들여올 때…

그 개미의 존재가 처음 보고된 것은 1866년, 부에노스 아이레스에서입니다 (아르헨티나 개미라는 별명도 그래서 생긴 것입니다).

아르헨티나 개미는 아르헨티나산(産) 말들을 수출할 때, 그 말들의 잠자리 짚 속에 묻어 1908년에는 남아프리카에, 1910년에는 칠레에, 1917년에는 오스트레일리아에, 1920년에는 프랑스에 오게 된 것입니다.

이 종은 두 가지 점에서 이채를 띱니다. 하나는 체구가 아주 작다는 점이고,

또 하나는 대단히 영리하고 병정개미들이 호전적이라는 점입니다.

그러한 주요한 특징들이 생태계에 일대 파란을 몰고 오게 됩니다.

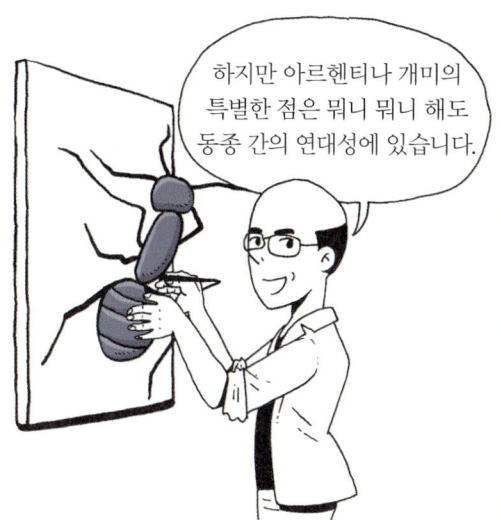
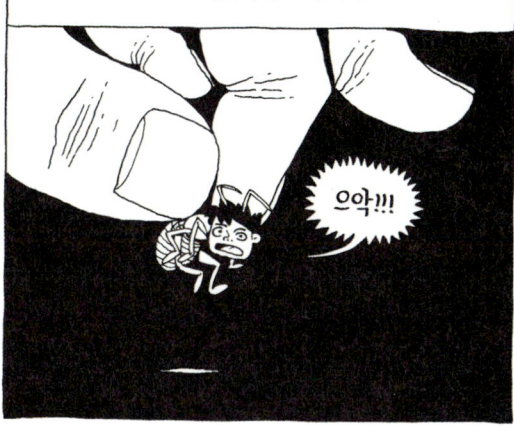

검은 까마귀, 흰 까마귀

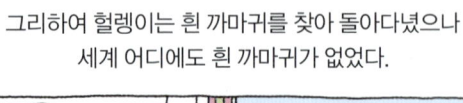

반대로 만일 어떤 사람이 '빛은 직선으로 나아간다'고 말한다면, 그 말은 반박의 여지가 있습니다.

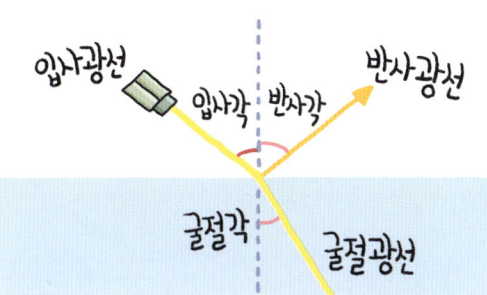

손전등 빛을 물 속에 비추는 것만으로도!

게슈탈트

게슈탈트.
'형태, 형상'을 뜻하는 독일어.
형태 심리학의 중추 개념이다.
형태 심리학자들은 심리현상이 요소의 가산적 총화로는 설명될 수 없고, 전체성을 갖는 동시에 구조화되어 있다고 주장하면서 그러한 성질을 게슈탈트라고 불렀다.

경쟁자들: 개미

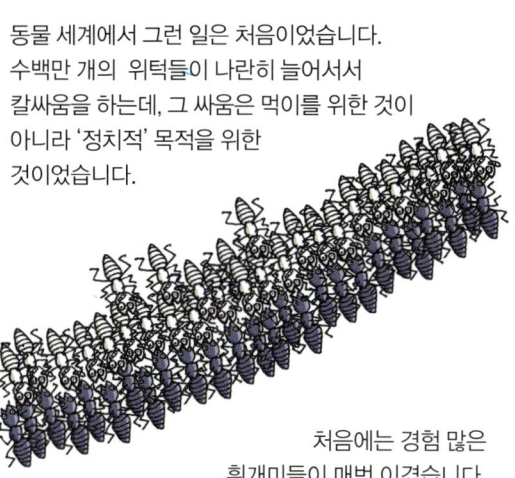

경쟁자들: 인간

처음엔 도시를 건설하는 것의 이점을 깨닫지 못했습니다.

그리하여 인류는 3백만 년이 지나도록 씨족과 부족 단위로 살았습니다.

그런 다음 3백만 년 전에 인류가 지구에 출현했습니다. 인류는 선사시대부터 이미 개미를 관찰하면서 매혹을 느꼈지만,

인간은 여러 면에서 개미와 아주 다릅니다.

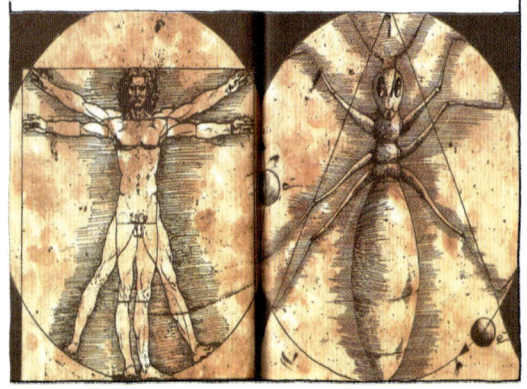

그러나 개미들과 마찬가지로 위험으로부터 스스로를 지킬 만한 방어 수단을 타고나지 못했죠.

요컨대 인간과 개미는 공격과 방어를 위한 기발한 무기를 가지고 있지 않기 때문에

모든 동물들의 이상적인 사냥감이 되었습니다.

터키의 아나톨리아 고원에 최초의 도시 사탈 호유크가 건설된 것은 불과 5천 년 전의 일이었고, 인간이 지구상에 위력적인 동물로 떠오른 것도 그때부터라고 할 수 있습니다.

공룡 : 스테노니코사우르스

중생대에 지구를 지배했던 공룡들은 크기며 생김새가 천차만별이었습니다. 그렇게 다종다양한 공룡들 가운데,

6천 5백만 년 전에는 사람과 크기가 비슷하고, 두 다리로 걸어다니며, 뇌의 용적도 사람 뇌와 거의 차이가 없는 특이한 종이 하나 있었는데,

스테노니코사우르스가 그것입니다. 인간의 선조가 겨우 뾰족뒤쥐와 비슷한 형상을 하고 있었을 때, 스테노니코사우르스는 대단히 진화한 모습을 보이고 있었습니다.

두 발 가진 이 공룡은 생김새는 캥거루와 비슷하고, 살갗은 도마뱀 같았으며, 접시처럼 생긴 눈으로는 머리의 앞과 뒤를 다 볼 수 있었죠.

헉!!!
먹이감인가? 다 보여!
슬금슬금

우리에게는 그런 기발한 감각 기관이 없습니다

시각이 비상했기 때문에 그들은 해가 져도 사냥을 계속할 수 있었고,

끄아!!! 밤엔 잠 좀 잡시다, 예?!

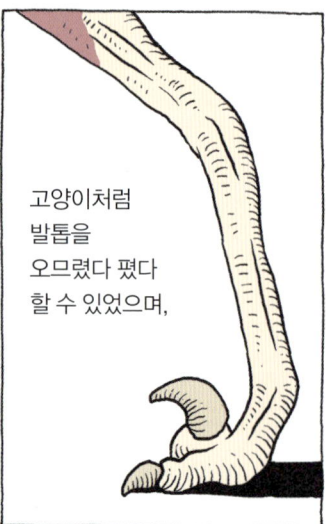

고양이처럼 발톱을 오므렸다 폈다 할 수 있었으며,

긴 손가락과 발가락으로 긴 조약돌을 집어던질 수 있을 만큼 물체를 잡는 능력이 뛰어났습니다.

퉁!!!

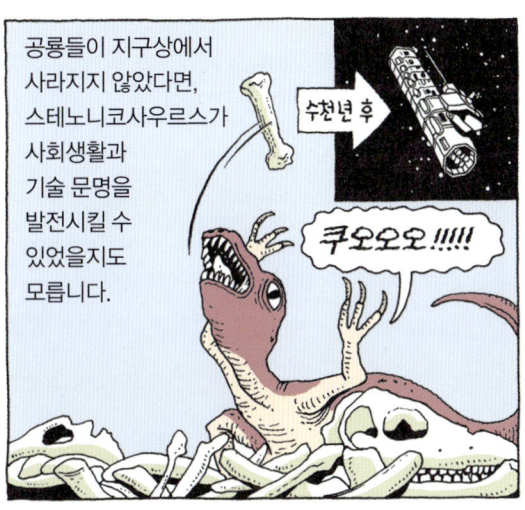

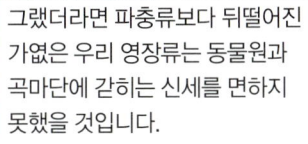

광기

우리 모두는 매일 조금씩 미쳐 가고 있습니다. 무엇에 미치느냐는 사람마다 다릅니다. 우리가 서로서로를 제대로 이해하지 못하는 것은 그 때문이죠.

나 자신도 편집증과 정신 분열에 사로잡혀 있음을 느낍니다. 게다가 나는 너무나 민감해서 현실을 잘못 이해할 때가 많습니다.

나는 그 점을 알고 있기에 그 광기를 어쩔 수 없는 것으로 받아들이기보다는 그것을 적극적으로 활용하여 내가 하는 모든 일의 동력으로 삼으려고 노력합니다. 성공하면 성공할수록 나는 더 미쳐 가고, 미치면 미칠수록 내가 설정한 목표를 더 잘 달성하게 됩니다.

광기는 각자의 머릿속에 숨어 있는 사나운 사자입니다. 그 사자를 죽이려 해서는 안 됩니다.

그것의 정체를 알고 그것을 길들여 마차에 매달기만 하면 아무런 문제가 없습니다.

순치(馴致)된 사자는
어떤 선생,
어떤 학교,
어떤 마약,
어떤 종교보다도
우리 삶을
훨씬 더 높이
끌어올릴
것입니다.

그러나 광기가 힘의 원천이 된다고 해서
그것을 과도하게 사용하면 위험합니다.
때때로 가속도 붙은 마차가
모든 것을 박살 낼 수도 있고,

극도로 흥분한 사자가
자기를 조종하려는
사람에게 덤벼드는
경우도 있기
때문입니다.

꿀술

인간과 개미는 꿀술을 만들 줄 압니다. 개미들은 진딧물 분비꿀로,

그리스의 올림푸스 신들과 갈리아의 사제들이 즐기던 음료가 바로 그것입니다.

사람들은 벌꿀로 술을 만듭니다. 옛날 그리스에서는 그것을 히드로멜리*라고 불렀습니다.
* hydro(물) + meli(꿀).

벌꿀술 빚는 법을 소개하자면 다음과 같습니다.

벌꿀 6킬로그램을 끓인 다음, 거품을 걷어 냅니다.

끓인 벌꿀에 물 15리터, 새앙 가루 25그램, 사인(砂仁) 15그램, 계피 15그램을 넣습니다.

전체 양이 4분의 1이 줄어들 때까지 혼합물을 졸인 다음, 불에서 꺼내 식힙니다.

혼합물이 미지근해지면, 뜸팡이 세 숟가락을 넣고 12시간 동안 가만히 놓아두면서 부유물을 가라앉힙니다.

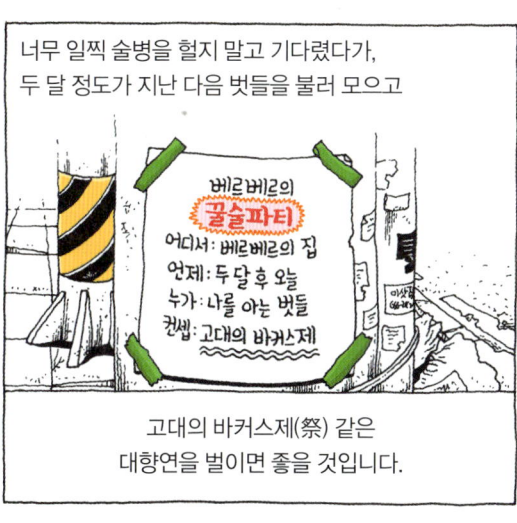

꿈

말레이시아의 밀림 깊숙한 곳에 세노이라는 원시 부족이 살고 있었습니다. 그들은 꿈을 삶의 중심에 놓고 살았기 때문에 사람들은 그들을 '꿈의 부족'이라고 불렀습니다.

매일 아침 불 가까이에 둘러앉아 식사를 하면서 그들은 저마다 간밤에 꾼 꿈에 대해서만 이야기했습니다. 부족의 모든 사회생활은 그 꿈들과 긴밀한 관련을 갖고 있습니다.

남에게 해를 끼치는 꿈을 꾼 사람은 꿈속에서 해를 입은 사람에게 곧바로 선물을 주어야 했습니다.

꿈에서 남을 때린 사람은 맞은 사람에게 용서를 구해야 했고 그러기 위해서는 역시 선물을 주어야 했죠.

세노이 부족은 꿈의 세계와 관련된 교육을 더 중시했습니다. 한 아이가 호랑이를 만나 도망치는 꿈을 꾸었다고 얘기하면,

사람들은 아이에게 그날 밤 다시 호랑이 꿈을 꾸고 호랑이와 싸워 그것을 죽이라고 시켰습니다.

노인들이 아이에게 그 방법을 일러 주었습니다.

아이가 호랑이와 싸워 이기지 못하면 부족 사람들이 모두 아이를 나무랐습니다.

꿈에 큰 가치를 두는 세노이 부족은 현실 세계로 돌아와서는 꿈속의 연인에게 선물로 감사하다는 표시를 하는 것이 당연하다고 여겼습니다.

악몽 속에서 적대적인 상대와 만나면 달아나지 말고 반드시 이겨야 했고, 나중에는 그 사람을 친구로 삼기 위해 그에게 선물을 요구해야 했습니다.

그들이 가장 갈망하는 꿈은 하늘을 나는 꿈이었습니다. 비상하는 꿈을 꾸었다는 사람이 있으면 부족 사람들 모두가 축하의 말을 건넸고,

아이에게 처음으로 비상하는 꿈을 꾸는 것이 기독교 세계의 세례와도 같은 것이었습니다.

어떻게 하면 미지의 나라까지 날아가서 신기한 물건들을 가져올 수 있는지 가르쳐 주었습니다.

사람들은 아이에게 선물을 듬뿍 주었고,

세노이 부족은 서양의 민속학자들을 매혹시켰습니다. 그곳에는 폭력이나 정신병이 없었고, 스트레스나 정복의 야망도 없었습니다. 노동은 생존에 꼭 필요한 만큼만 하면 되었습니다.

세노이 부족은 1970년에 그들이 살고 있던 숲이 개간되면서 사라졌습니다.

나무의 의사소통 방식

아프리카에는 놀라운 특성을 보여 주는 아카시아 나무들이 있습니다. 그 나무들은 영양이나 염소들이 자신을 뜯어 먹으려 하면 제 수액의 화학적 성분을 독성으로 변화시킵니다.

동물은 나무의 맛이 달라졌음을 깨닫고 다른 나무를 뜯어 먹으러 가죠.

그러면 이 아카시아 나무는 냄새를 발산하여 근처의 다른 아카시아 나무들에게 약탈자의 출현을 알리죠.

몇 분 만에 그 주위의 아카시아 나무들은 모두 동물들이 뜯어 먹을 수 없는 것들이 되고 맙니다.

그러면 초식동물들은 어쩔 수 없이 그곳을 떠납니다.

너무 멀리 떨어져 있는 탓에 경고 신호를 감지하지 못한 아카시아나무를 찾아가는 것이죠.

그런데 동물들을 대규모로 사육하는 기술이 발달하면서 염소 떼와 아카시아 나무 무리가 같은 장소에서 맞부딪치는 일이 생기게 되었습니다. 그 경우에 어떤 일이 벌어질까요?

동물들에게 먼저 뜯긴 아카시아 나무가 다른 아카시아 나무들에게 위험을 알리면 나머지 모두가 독성으로 변합니다. 그러나 그런 사실을 모르는 짐승들은 독이 든 나무를 뜯을 수밖에 없습니다.

그런 까닭에 많은 염소 떼가 독으로 죽게 됩니다.

사람들은 오랜 세월이 흘러서야 그 까닭을 알게 되었습니다.

아카시아 나무가 말을 할 줄 알았으면 좋았을 것을…

놀이의 의미

1970년대에 프랑스의 한 수의사는 동물들이 일으키는 문제 하나를 해결했습니다. 그 해결 방식은 분명 사람들의 문제를 해결하는 데도 적용될 수 있을 것입니다.

그 문제의 해결을 부탁받은
수의사는 궁리 끝에
한 가지 방안을
생각해 냈습니다.

그는 말들에게 마구간의 네 칸을 나란히 배정한 다음,

칸막이벽의 뚫린 창에 장난감들을 달아 놓았습니다.
그 장난감들을 가지고 이웃 말들끼리
함께 놀 수 있게 하려는 것이죠.

말들이 서로 친해지고 상대를 바꿔 가며 놀 수 있게
하려고 말들의 자리를 규칙적으로 바꿔 주었습니다.

한 달이 지나자, 네 마리의 말은 서로 떨어질 수
없는 사이가 되었습니다. 말들은 함께 마차를
끄는 일을 직수굿하게 받아들였을 뿐 아니라,
놀이를 하듯 일을 하게 되었습니다.

어쩌면 전쟁이나 적대 관계가 놀이의
원초적인 형태일 뿐일 수도 있습니다.

우리는 다른 놀이들을 고안해 냄으로써 그 원초적인
단계를 쉽게 넘어설 수 있을지도 모릅니다.

당신은 누구인가?

당신은 도대체 누구인가?

더 나아가기 전에 나는 미지의 독자인 당신을 더 잘 알고 싶습니다.

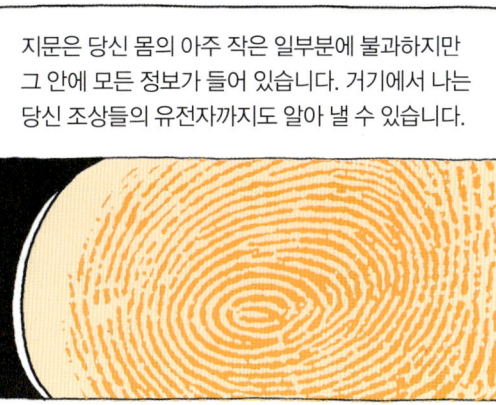

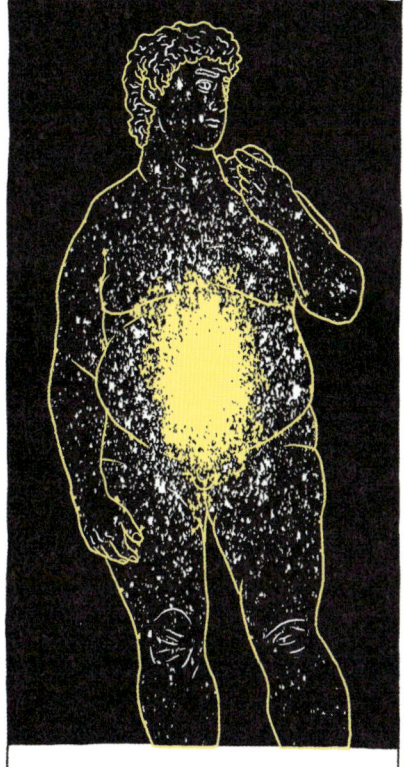

당신은 하나의 화학적 구조물이면서 훌륭한 건축물입니다. 구성 물질들이 적절히 배합되고 안정감 있게 평형을 이루며 완벽하게 기능하고 있습니다.

그 복잡함은 이루 말할 수가 없죠.

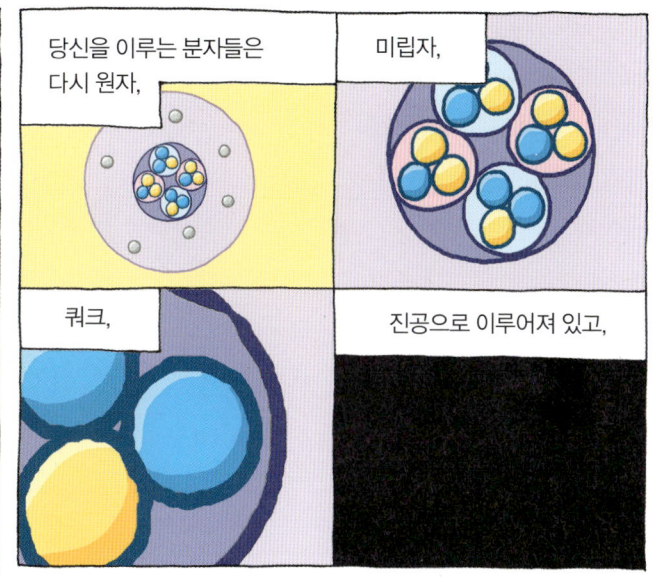

당신을 이루는 분자들은 다시 원자, 미립자, 쿼크, 진공으로 이루어져 있고,

그 모든 것들은 전자기적인 힘과 인력과 전자의 힘에 의해 결합되어 있습니다.

```
e+4 jet event
    405758_44414
TWO jets tagged by SVX
fit top mass is 170+-10GeV
e+; Missing Et; jet #4 from top
jets 1,2,3 from top (2&3 from W)
```

그 절묘함은 우리의 상상을 초월합니다.

싹싹! 싹싹! 싹싹! 싹싹!

각설하고, 당신이 이 책을 찾아냈다는 것은 당신이 꾀바른 사람임을 말해 주며, 당신이 벌써 나의 세계에 대해 많은 것을 알고 있음을 말해 주는 것입니다.

뚝! 와직!!!

당신이 그 지식을 어떻게 활용했는지 궁금하군요.

혁명이 일어났습니까? 개혁이 일어났습니까?

물론 아무것도 달라진 게 없을 것입니다.

시간이 아주 빠르게 흘러간다고 상상해 보세요. '응애' 하고 당신이 태어납니다.

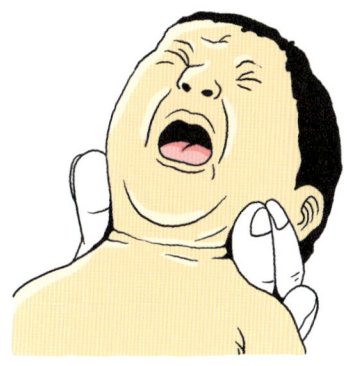

쩝쩝거리면서 당신은 수천 끼의 갖가지 음식을 먹어 치웁니다. 수천 톤의 식물과 동물이 이내 똥으로 변합니다.

'억' 하고 당신이 죽습니다.

당신의 삶이 그런 것이라면 그 삶은 얼마나 덧없는 것입니까. 물론 당신은 그런 삶을 바라지 않을 것입니다.

행동하세요! 무엇인가를 행하세요! 하찮은 것이라도 상관없습니다. 죽음이 찾아오기 전에 당신의 생명을 의미 있는 뭔가로 만드세요.

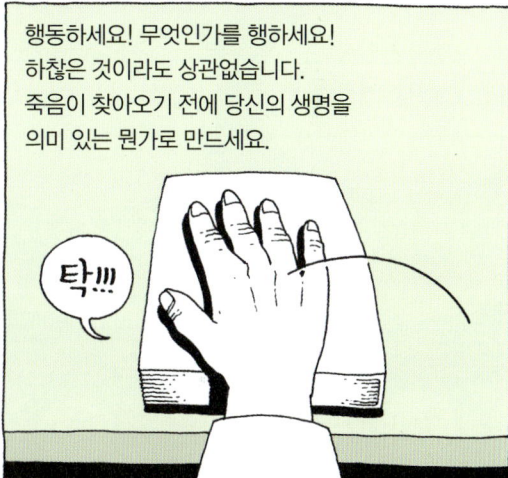

당신은 쓸모없이 태어난 것이 아닙니다. 당신이 무엇을 위해 태어났는지를 발견하세요.

당신의 작은 임무는 무엇입니까? 당신은 우연히 태어난 것이 아닙니다.

대뇌 신피질의 시대

언어가 발전해 온 과정을 살펴보면, 우리의 뇌가 어떤 방향으로 진화해 가는지를 알 수 있습니다.

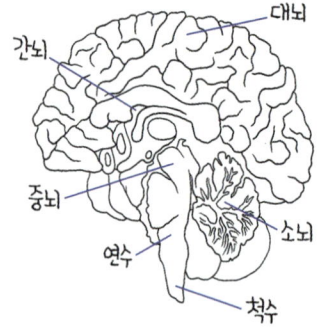

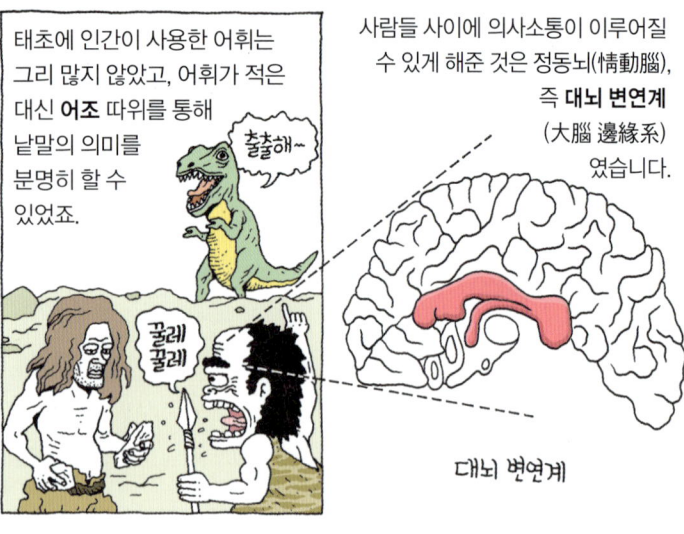

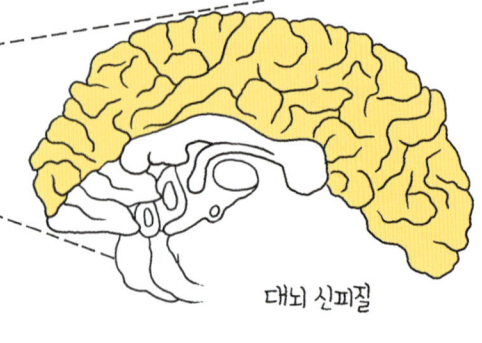

언어는 하나의 징후일 뿐이죠.

달걀

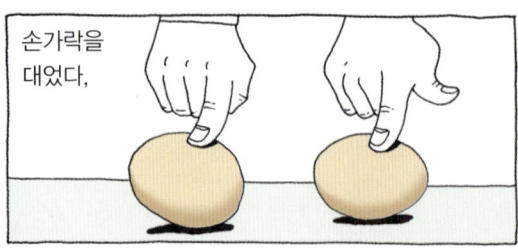

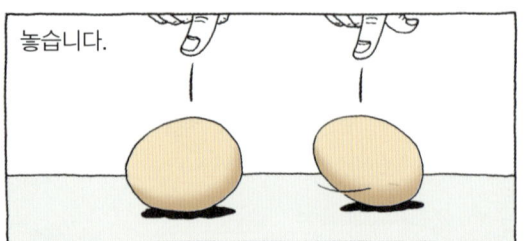

도시의 구역 배치

대도시에서 부자들이 사는 구역과 빈민들이 거주하는 구역이 어떻게 배치되어 있는지를 살펴보면, 거기에는 아주 분명한 요인들이 작용하고 있음을 알 수 있습니다.

내가 사는 파리의 예를 들자면,

파리의 경우에는 부자 구역이 서쪽에, 빈민 구역이 동쪽에 자리 잡고 있습니다.

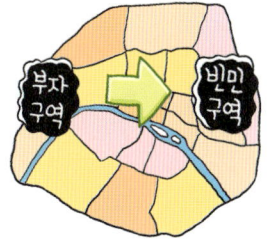

그것은 바람이 바다에서 육지로, 곧 서쪽에서 동쪽으로 부는 것과 관계가 있습니다.

결국 부자 구역의 악취와 오염 물질이 날아와 빈민 구역의 대기를 더럽히곤 하는 것입니다.

그 사정은 지금도 마찬가지예요.

그와는 달리, 뉴욕이나 로스앤젤레스 같은 미국의 대도시에는 현재 부자 구역이 변두리에, 빈민 구역이 도심에 있습니다. 그 이유는 아주 간단합니다.

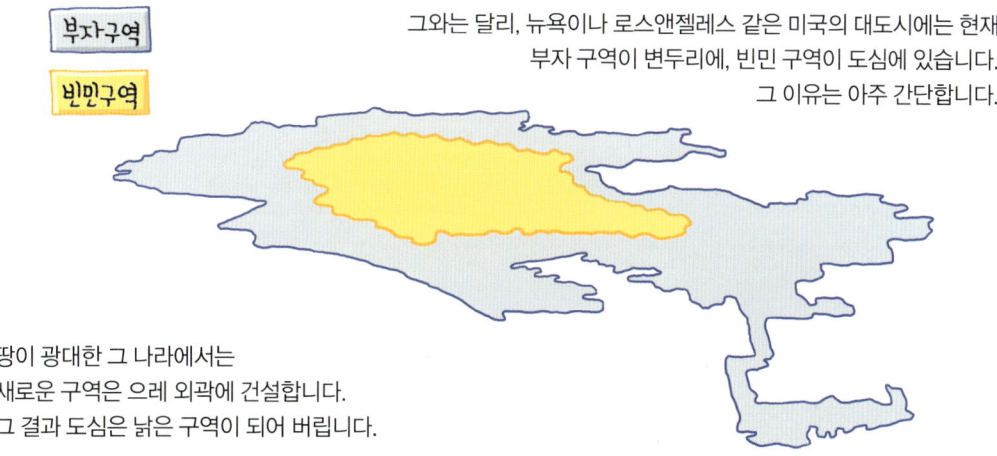

땅이 광대한 그 나라에서는 새로운 구역은 으레 외곽에 건설합니다. 그 결과 도심은 낡은 구역이 되어 버립니다.

그런 도시에 폭동이 일어났을 때, 경찰은 구역을 그렇게 배치하는 것에 또 다른 이점이 있음을 확인할 수 있었습니다.

그 이점이란, 빈민들은 도심에 있기 때문에 포위당하기가 쉽고, 변두리에 있는 부자들은 도망치기가 쉽다는 것입니다.

돌고래

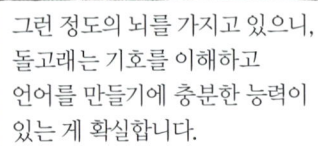

바다에서는 3차원 속을 마음대로 움직일 수 있습니다. 옷도 필요 없고 집과 난방 시설도 필요치 않습니다.

바다에는 먹이도 풍부하고요. 돌고래가 정어리 떼에 다가가는 것은…

우리가 슈퍼마켓에 가는 것과 같습니다. 단지 돌고래가 공짜로 먹이를 구한다는 점이 다를 뿐입니다.

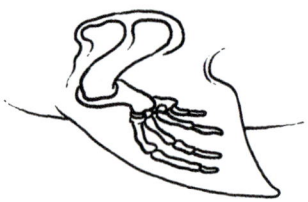

돌고래의 뼈대를 조사해 보면, 지느러미 안에 길쭉한 손가락뼈가 아직 들어 있음을 확인할 수 있습니다. 그것은 육지 생활의 마지막 흔적입니다.

손이 지느러미로 바뀜으로써 돌고래는 물속에서 빠른 속도로 움직일 수 있었겠지만, 더 이상 도구를 만들 수 없었을 것입니다.

우리가 우리 기관의 능력을 보완하기 위해 도구를 만들어 내는 데 그토록 열을 올렸던 것은, 우리 환경이 우리에게 그다지 적합하지 않았다는 것을 입증하는 것일 수도 있습니다.

물속에서 행복을 되찾은 돌고래는 자동차나 텔레비전, 총, 컴퓨터 따위를 필요로 하지 않았습니다.

그렇다고 언어의 필요성까지 없어진 것은 아니었습니다. 돌고래들은 자기들 고유의 언어를 상당한 수준으로 발전시킨 듯합니다.

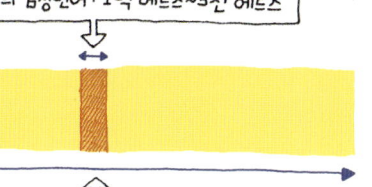

두려움

개미는 두려움을 전혀 느끼지 않습니다. 그 이유는 간단합니다.

개미에겐 죽음이나 자기의 나약함에 대한 의식이 없기 때문입니다.

우리 조직의 미래가 걱정될 뿐!

그렇다고 자기가 죽는 것을 두려워하는 일은 없습니다.

우리의 개미집은 말하자면...

어쩌다 자기 도시와 공동체 전체의 생존 때문에 걱정을 하기는 하지만,

개미에게 두려움이 없다는 사실을 이해하려면 개미집 전체가 하나의 유기체처럼 살아 있다는 점을 감안해야 합니다.

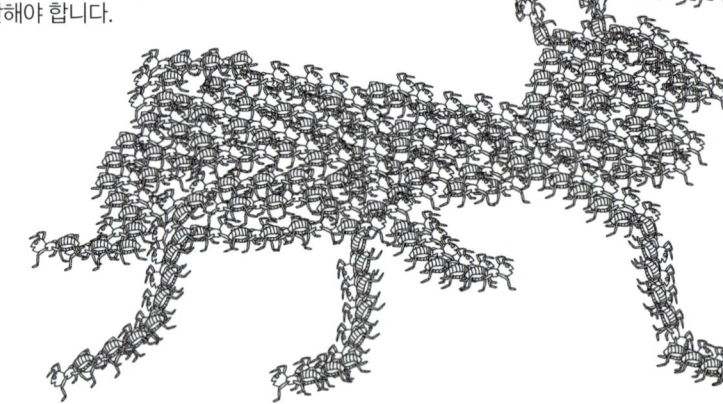

이런 개념이라고 볼 수 있으니까!

각각의 개미는 인체의 세포와 똑같은 역할을 수행합니다.

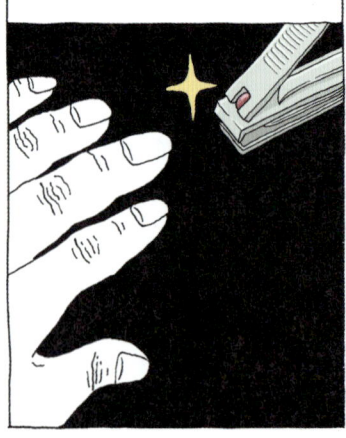

손톱을 깎을 때 우리의 손톱 끝이 그것을 두려워할까요?

면도기 광고 모델 시켜 줘요!

면도를 할 때 우리의 턱수염이 면도기가 접근해 오는 것에 전율할까요?

뜨거운 욕탕 물의 온도를 가늠하려고 발을 집어넣을 때 우리의 엄지발가락이 두려움에 떨까요?

두렵지 않아!

그것들은 자율적인 단위로 존재하지 않기 때문에 두려움을 느끼지 않습니다.

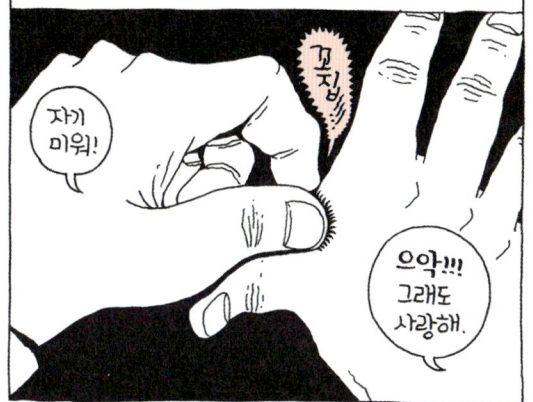

두려움의 원천

동쪽을 향하여

인류의 위대한 모험은 대부분 동쪽에서 서쪽으로
이루어졌습니다. 예부터 사람들은 불덩어리가 잠기는 곳이
어디인가 궁금해하면서 태양의 운행을 좇았습니다.
율리시스, 크리스토퍼 콜럼버스, 아틸라 등 모두가
서쪽에 그 답이 있다고 믿었습니다.
서쪽으로 떠나는 것, 그것은
미래를 알고자 하는
것이었습니다.

태양이 '어디로 가는지' 궁금해하는 사람들이 있었던 반면에 그것이
'어디로부터' 오는지 알고 싶어 하는 사람들도 있었죠. 마르코 폴로,
나폴레옹, 빌보 르 오비(톨킨의 『반지의 제왕』에 나오는 주인공 가운데
하나) 등은 동쪽으로 갔던 인물들입니다.

그들은 모든 것이 시작되는
동방이야말로 발견할 거리가
가장 많은 곳이라고 믿었습니다.
그러나 모험가들의
상징체계에는 아직
두 개의 방향이 남아 있습니다.
그 방향들의 의미는
다음과 같습니다.

북쪽으로 가는 것은
자신의 힘을 시험하기 위한
장애물을 찾아가는
것입니다.

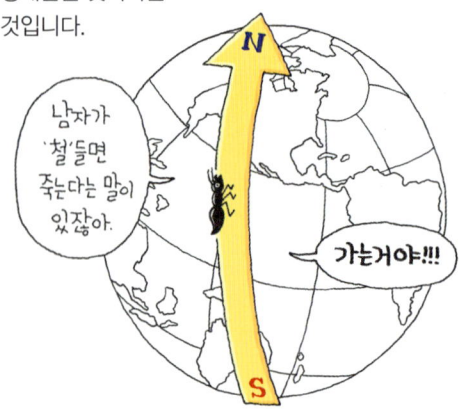

남쪽으로
가는 것은
휴식과 평온을
찾아 나서는
것입니다.

레이저

레이저는 거대한 광 에너지를 아주 좁은 표면에 집중시킬 수 있는 장치입니다.

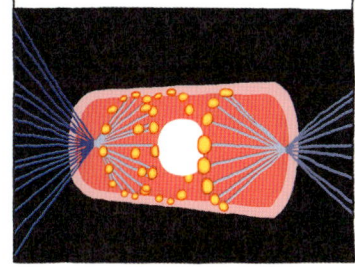

유연한 물질을 자른다든가,

탄두가 이탈되기 전에 적국의 미사일을 격추시킨다든가

나이트클럽에 환상적인 분위기를 만들고 싶을 때 우리는 레이저를 활용할 수 있습니다.

레이저를 조립하고자 할 때 가장 어려운 점은 틀림없이 루비 막대를 구하는 일일 것입니다.

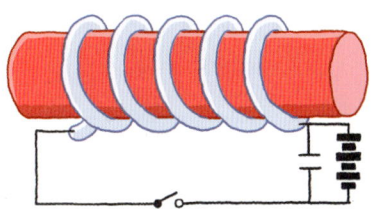

구하기도 어렵거니와 가격도 너무 비쌉니다.

그럴 때는 값이 좀 더 헐한 인조 루비를 이용해도 좋지요.

마방진

3행 3열의 모눈에
1부터 9까지의 수를 넣어,
가로, 세로, 대각선,
어느 줄이든 수의 합이
15가 되게 하려고 합니다.

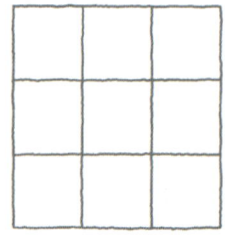

어떻게 하면 좋을까요?

1은 9에 대등하며 두 수의 합은 10입니다.
2는 8과 연결되며 두 수의 합도 역시 10입니다.

$$1 + 9 = 10$$
$$2 + 8 = 10$$
$$3 + 7 = 10$$
$$4 + 6 = 10$$

마찬가지로 3은 7과, 4는 6과 연결됩니다.

* 낙서(洛書)는 하 나라 우 임금 때 낙수에서 나온 신구(神龜)의 등에 있었다는 45점의 글씨인데, 거기에 벌써 3방진이 나타나 있는 것으로 보아, 중국에서는 일찍부터 마방진이 역(易)이나 역(曆)과 깊은 관련을 맺고 있었던 것으로 보인다. 우리나라의 마방진 연구도 오랜 역사를 갖고 있다. 특히 조선 시대의 기본 산서로 사용된 『양휘산법(楊輝算法)』에는 여러 개의 방진이 소개되어 있고, 최석정은 『구수략(九數略)』이라는 저서에서 아주 특이한 마방진을 제시한 바 있다.

마약 중독자

인간 특유의 행동으로 여겨지는 것들이 다른 동물들에게서도 나타나는 경우가 있습니다.

개미 사회에 마약 중독자가 있다는 것도 그런 예가 될 것입니다.

인간 특유의 행동?

그 마약 중독자란 **로메슈제**라는 딱정벌레의 분비꿀에 중독된 개미를 말합니다.

로메슈제라는 딱정벌레

로메슈제라는 이름은 로마 황제 네로의 시녀였던 악명 높은 독살녀 로메슈사의 이름에서 나왔습니다.

드세요, 네로 황제님!

의심의 눈초리

로메슈사

그 마약 공급자들은 거리낌없이 개미 도시 안으로 들어옵니다.

어떤 개미도 그들이 들어오는 것을 막지 않습니다.

로메슈제의 냄새를 맡은 개미는 이내 달려와 그 독물을 빨아먹습니다. 그 독물 공급자의 꽁무니는 개미의 입과 아주 비슷하게 생겼기 때문에…

개미들은 그곳을 빨면서 자기 동료와 대화를 하고 있다는 느낌을 갖기 십상입니다.

로메슈제의 달콤한 독물을 맛보고 나면, 개미는 그것을 계속 빨아먹고 싶다는 일념에 사로잡힙니다.

!!!

그들은 마약을 얻기 위해서라면 무슨 짓이든 할 준비가 되어 있죠.

쟤들 좀 이상해…

마요네즈

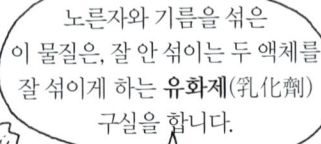

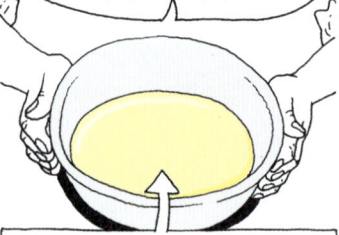

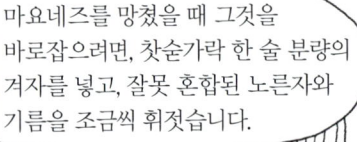

마요네즈와 회화

마요네즈 제조법은 회화에도 응용됩니다. 즉, 잘 섞이지 않는 두 물질을 거대 분자의 수준으로 혼합하는 기술이 유화(油畵)에서 완전한 불투명성을 얻기 위해 이용되는 것입니다.

이 경우에는 유화제를 만들기 위해, 물·기름·달걀 노른자의 혼합물뿐만 아니라

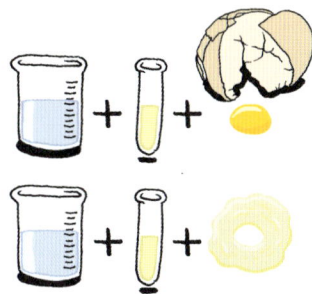

물·기름·달걀 흰자의 혼합물을 이용하기도 합니다.

기름 속에 갇힌 작은 수포들은 굴절률에 변화를 줌으로써 색깔을 불투명하게 만듭니다.

유화제를 사용하는 유화 기법은 플랑드르의 화가 반 에이크 형제가 15세기에 발명한 것으로 알려져 있습니다.

「붉은 터번을 감은 남자」- 얀 반 에이크

레오나르도 다빈치, 렘브란트, 벨라스케스도 그 비법을 터득하고 있었습니다.

18세기의 위대한 화가들은 그 비법으로 자기들이 얻고 있는 특권에 집착했습니다.

그들은 자기들의 경제적 생존을 더욱 확실히 하기 위해 그 비법의 전수를 중단하기로 결정했습니다.

그리하여 그 기술은 18세기 말에 완전히 잊혔습니다.

「보테로 가족」- 반 에이크

그 비법을 되살리려는 시도가 있었지만, 유화제의 성분과 배합 비율을 다시 알아내기는 불가능했습니다.

근래에 들어서야 그 유화제의 비법이 극도로 복잡한 화학적 분석을 통해 재구성되었습니다.

모듬살이의 기원

그것들은 작고 연약해서 모든 포식자(捕食者)들의 더할 나위 없이 좋은 먹이가 되었습니다.

살아남기 위해서 어떤 곤충들은 메뚜기처럼 번식이라는 방법을 택했습니다.

알을 아주 많이 낳아서 그것들 중에 꼭 살아남는 자가 생기도록 하자는 것이었죠.

어떤 곤충들은 말벌이나 꿀벌처럼 독을 선택했습니다. 그렇게 스스로를 무서운 존재로 만들었습니다.

바퀴벌레처럼 포식자들이 먹기에 부적합하게 되어 가는 쪽을 선택한 곤충도 있었습니다.

특수한 분비샘에서 나오는 물질이 그들의 살에서 고약한 맛이 나게 하기 때문에 어떤 포식자도 그 고기 맛을 보려고 하지 않았죠.

사마귀나 밤나방처럼 위장 전술을 채택한 곤충도 있습니다. 그것들은 스스로를 풀이나 나무껍질과 비슷해 보이게 만듦으로써 살기 힘난한 자연 속에서 발각되지 않고 지낼 수 있었습니다.

혼자서는 아무것도 할 수 없다.

둘이서는 더 많은 것을 할 수 있다.

셋이서는 모든 것을 할 수 있다.

말하자면, 흰개미들은 '**단결**이 힘을 만든다'는 원리를 터득했고, 모듬살이라는 정교한 생존 방식을 개척했습니다.

그것은 생존 방식의 왕도였습니다. 그때부터 흰개미들은 작은 세포들이 모인 것처럼 살아가기 시작했습니다.

처음엔 가족 단위로 모듬살이를 했습니다. 알을 낳는 어미 흰개미 주위에 모두가 모여 살았습니다.

그러다가 가족이 촌락이 되고

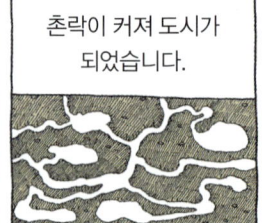

촌락이 커져 도시가 되었습니다.

얼마 안 가서 모래와 흙반죽으로 이루어진 흰개미들의 도시가 지구 곳곳에 솟아오르게 되었습니다.

쿠궁

흰개미들은 모듬살이의 기틀을 마련하여 우리 행성을 가장 먼저 지배한 영리한 곤충이었습니다.

그런데 인간이 보이지 않는군요.

아... 인간은 아직 존재하지 않았어요.

선배님~!

1억 5천만 년 전

말리에 사는 도공 부족

구에레로는 멕시코 원주민들과 쉽게 친해졌고 원주민 여자와 혼인하였습니다.

그는 스페인의 정복자들이 곧 상륙할 것임을 알리는 한편, 원주민들에게 그들을 믿어서는 안 된다고 일러 주었습니다.

또 원주민들이 스스로를 방어할 수 있도록 쇠뇌 만드는 법을 가르쳤습니다.

구에레로는 스페인 사람들이 타고 올 말들을 두려워해선 안 된다고 신신당부했고,

특히 불을 뿜는 무기는 마법의 무기도 아니고 우레도 아니라고 일깨웠습니다.

그는 '스페인 사람들도 당신들과 똑같이 피와 살을 가진 사람이다. 당신들은 그들을 이길 수 있다'고 거듭거듭 말하곤 했습니다.

그리고 그 사실을 증명해 보이기 위해서 스스로 자기 몸에 상처를 내어 똑같이 빨간 피가 흐르는 것을 보여 주었습니다.

1년 후에 코르테스는 대포로 아스텍의 수도 테노크니틀란을 파괴했는데, 3개월 동안 그 도시를 포위하여 주민들을 기아 상태에 빠뜨린 다음의 일이었습니다.

구에레로는 스페인의 어떤 요새에 대한 야간 공격을 준비하던 중에 죽었습니다.

문명과 문명의 만남
: 아프리카

인류가 경험한 것 중에서 재조명해 볼 만한 것이 많이 있겠지만, 그중에서도 18세기에 노예로 끌려 나온 아프리카 흑인들의 경우를 주목해 볼 만합니다.

두 문명이 만나는 것은 언제나 미묘합니다.

노예가 된 아프리카 흑인들의 대부분은 평원이나 숲속에 터를 잡고 살고 있었습니다. 그들은 바다를 본 적이 없었습니다.

그러던 중 갑자기 이웃의 왕 하나가 뚜렷한 이유도 없이 전쟁을 걸어 오더니, 그들을 죽이지 않고 사로잡아서 사슬로 묶어 해안 쪽으로 끌고 갔습니다.

대륙을 가로지르는 그 긴 여정 끝에 그들은 이해할 수 없는 두 가지를 발견했습니다. 하나는 바다였고,

바다를 직접 본 적이 없어도 이야기를 통해서나마 사자(死者)들이 사는 곳으로 알고 있었습니다.

또 하나는 하얀 피부를 가진 유럽인들이었습니다.

백인들로 말하자면, 그들은 아프리카 흑인들에게 외계인들이나 다름이 없었습니다.

몸에서 이상한 냄새가 나고 피부색도 이상했으며 입고 있는 옷도 이상하기 짝이 없었습니다.

많은 흑인들이 무서워 어쩔 줄을 몰라 했고, 너무나 겁에 질린 나머지 배에서 뛰어내렸다가 상어 밥이 된 사람도 있었죠.

살아 남은 흑인들은 갈수록 놀라운 일들을 목격하게 되었습니다. 그들은 무엇을 보고 놀랐을까요?

한 가지 예로 그들은 백인들이 포도주 마시는 것을 보았습니다.

건강을 위하여!

그들은 그것이 피, 그것도 자기들의 피라고 믿었습니다.

문명과 문명의 만남
: 이누잇

1818년 8월 10일, 영국 극지 탐험대의 대장인 존 로스 선장이 그린란드의 에스키모, 이른바 이누잇*을 처음 만났을 때의 일입니다.

* 캐나다와 그린란드의 에스키모는 스스로를 이누잇이라고 부릅니다. 에스키모는 '물고기를 날로 먹는 사람'을 뜻하지만, 이누잇은 '인간'이라는 뜻을 담고 있습니다.

두 인간 문명 사이의 만남은 언제나 힘을 겨루는 일로 시작됩니다. 그러나 어떤 경우에는 그리 험악하지 않게 만남이 이루어지기도 합니다.

만남이 처음부터 순조롭게 이루어졌던 것은 아닙니다. 이누잇들은 이 세계에서 인간은 자기들뿐이라고 생각하고 있었습니다.

그들은 영국인들이 누구인지, 영국이 어디에 있는지 따위는 알고 싶어 하지 않았습니다. 그들 가운데 가장 나이 많은 이누잇이 말했습니다.

존 로스 선장은 마침 존 삭셰우스라는 통역자를 대동하고 있었습니다.

그 통역자는 남 그린란드 출신으로 서툰 영어로나마 영국인들과 의사소통을 할 줄 알았습니다.

이누잇들이 적대적인 태도를 보이자, 이 통역자가 재치를 발휘하여 자기가 들고 있던 칼을 얼은 땅바닥에 던졌습니다.

처음 만난 사람의 발밑으로 자기 무기를 던져 버리는 것을 본 이뉴잇들은 어리둥절해졌습니다.

그들은 그 칼을 집어 들더니, 자기들의 코를 잡고 소리를 지르기 시작했습니다.

삭셰우스도 재빨리 그들과 똑같은 동작을 취했죠. 그것이 가장 어려운 고비였습니다.

그 고비를 넘기고 나니 만사형통이었습니다. 사람들은 어떤 사람이 자기와 똑같이 행동하면 그를 죽이려 하지 않는 법입니다.

가장 나이 많은 이뉴잇이 다가와 삭셰우스의 면 셔츠를 더듬어 보더니 그런 천은 무슨 동물의 가죽으로 만드느냐고 물었습니다.

그 물음에 삭셰우스가 그럭저럭 대답을 하고 나자,

노인이 또 물었습니다.

지구에 자기들 말고 다른 사람들은 없다고 믿고 있던 이뉴잇들은 다른 가능성을 생각할 수가 없었습니다.

삭셰우스는 마침내 그들에게 영국 장교들을 소개하는 데 성공했습니다.

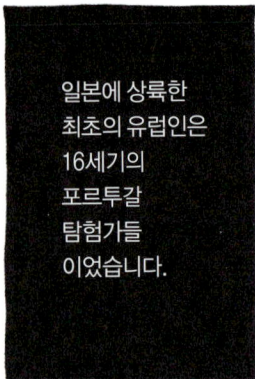

물질문명에 이어, 포르투갈인들은 두 번째 선물,
즉 정신적 선물인 기독교를 가져왔습니다.

그러나 기독교 교리의 배타성이 마침내 그들을
화나게 했습니다. 기독교는 다른 모든 신앙은
잘못된 것이라고 주장했고,

일본인들은 이미 몇 가지 종교를 융합해 놓고
있던 터라, 기독교도 자기들의 종교에 통합시킬
하나의 외래 종교쯤으로 여겼던 것입니다.

일본인들이 아무런 이의 없이 숭배하는 그들의
조상들이 세례를 받지 않았다는 이유로 지옥 불에
타고 있을 거라는 말을 서슴지 않았습니다.

그런 종교가 어찌 보편적인 종교라는 뜻의
'카톨릭'이라는 이름을 내세울 수 있을까요?

기독교의 독선적인 태도가 결국 일본인들을 자극
했습니다. 일본인들은 대부분의 예수회 선교사들을
고문하고 학살했습니다.

그때부터 일본인들은 서양인들이 상륙하는 것을 허용하지 않았습니다.
단 한 번 해안에서 멀리 떨어진 어떤 섬에 네덜란드 상인들이
상륙한 적이 있었지만, 그들은 오랜 시간이 지난 뒤에야
일본 열도에 발을 디딜 수 있었습니다.

문명과 문명의 만남
: 중국

서기 115년경에 로마 제국의 것으로 보이는 배 한 척이 풍랑을 만나 며칠간 표류한 끝에 중국 해안에 닿았다는 기록이 있지.

그런데 그 배에 타고 있던 사람들은 대부분 곡예사와 마술사들이었어.

그들은 뭍에 닿자마자 그 미지의 나라 주민들에게 잘 보이려고 구경거리를 제공했지.

*보여드릴 게 있어요, 예?!

문자와 숫자
: 알파벳과 아라비아 숫자

스물여섯 자로 이루어진 알파벳은 중국의 표의 문자나 고대 이집트의 상형 문자에 비해 월등한 이점을 가지고 있습니다.

ABCDEFGH
IJKLMNOPQR
STUVWXYZ

스물여섯 개의 기호로 무한히 많은 낱말들을 표현할 수 있습니다.

따라서 우리는 새로운 낱말을 위해서 새로운 글자를 만들 필요가 없습니다.

예를 들어 중국어는…

愛 =사랑

알파벳의 글자 하나에는 아무 의미도 담겨 있지 않지만, 다른 글자들과 결합함으로써 사물과 관념과 사람을 표상할 수 있습니다.

반면, 알파벳은…

L+O+V+E =사랑

알파벳과 마찬가지로 아라비아 숫자는 모든 수를 나타낼 수 있습니다.

표절!!!
들켰다, 헤헤

엄밀히 말해서 아라비아인들 역시 인도의 숫자를 모방한 것입니다. 따라서 인도 숫자라고 말해야 마땅할 것입니다.

그와 반대로, V, C, M, X 따위를 사용하는 로마 숫자 체계에서는, 더 윗 단위의 수를 나타내려고 할 때마다 새로운 기호를 만들어야 했고, 그러다 보니 수를 표현하기가 너무 번거로웠습니다.

I II III IV V VI VII
VIII VIII IX X XI XII
XIII XIV XV XIX
XX XXX XL L LX
LXX LXXX XC C
CC CD D CM M
MM MMM

어이쿠!!! 더 이상 못 만들겠어!

아라비아 숫자를 사용하면 기호 열 개로 무한히 큰 수에서 무한히 작은 수에 이르기까지 얼마든지 나타낼 수 있습니다.

강남에 아파트 한 채가 30억… 월 100만 원씩 저축하면 250년… 그 때 내 나이 이백 칠십 살…
퉁! 퉁퉁!

알파벳과 아라비아 숫자는 대단히 훌륭한 발명품입니다. 그것들은 인간의 사고 능력을 무한하게 만들어 주었습니다.

만약에… 만약에… 알파벳이 없었으면 토익시험도 없었겠지…
하나도 모르겠어……

인간은 눈에 보이지 않는 것, 존재하지 않는 것도 지칭할 수 있게 되었습니다.

아라비아 숫자가 없었으면 미분적분을 할 필요가 없었을지도…

미로

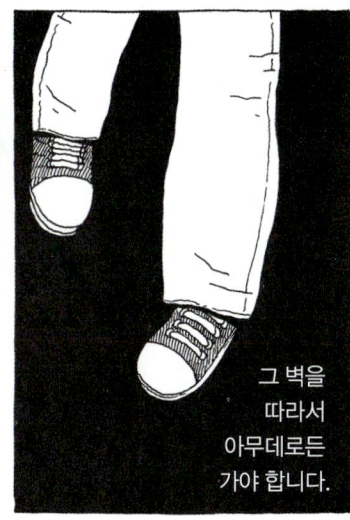

그것이 여의치 않을 때는 울부짖기라도 해야죠.

박테리아

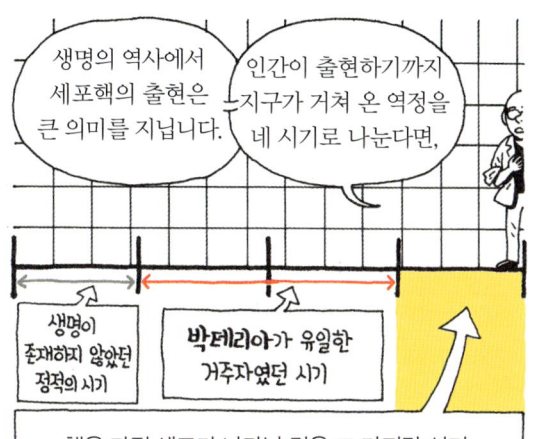

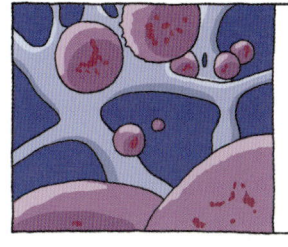

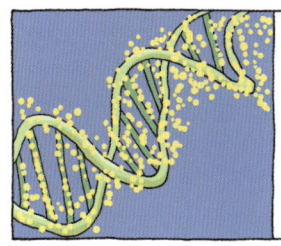

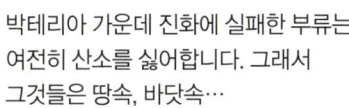

뼈대

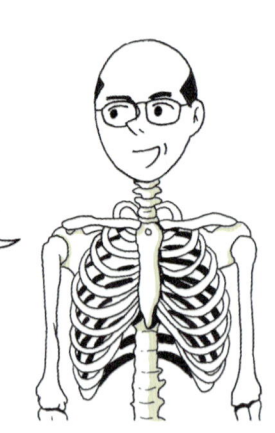

사회성

평범한 삼각형

평범하기가 때로는 비범하기보다 더 어렵습니다.

삼각형의 경우를 생각해 보면, 그 점이 분명히 드러납니다. 삼각형에는 대개 이등변 삼각형, 직각 삼각형, 정삼각형 따위의 이름이 붙어 있습니다.

정의된 삼각형의 종류가 하도 많아서 특별하지 않은 삼각형을 그리기가 쉽지 않을 정도입니다.

특별하지 않은 삼각형을 그리자면, 길이가 같은 변이 생기지 않도록 그려야 할 터인데, 그 방법은 확실치 않습니다.

우리는 세 변의 길이가 모두 다른 삼각형을 부등변 삼각형, 예각으로만 이루어진 삼각형을 예각 삼각형이라고 부른다. 그렇다면 정의되지 않은 평범한 삼각형이란 존재하지 않는 셈이다.

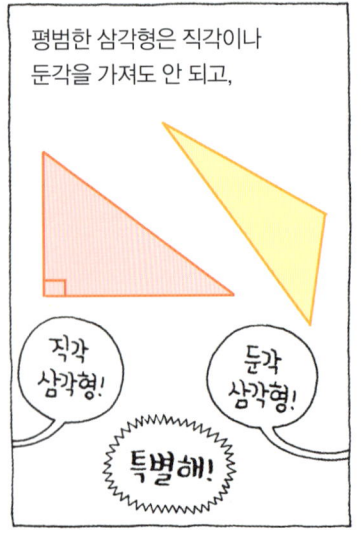

평범한 삼각형은 직각이나 둔각을 가져도 안 되고,

직각 삼각형! 둔각 삼각형! 특별해!

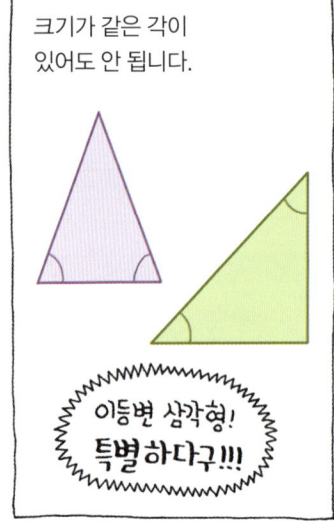

크기가 같은 각이 있어도 안 됩니다.

이등변 삼각형! 특별하다구!!!

자크 루브찬스키라는 학자가 진짜 '평범한 삼각형'을 그리는 방법을 생각해 냈습니다.

옳거니!!!

그 방법에 따라 우리는 평범한 삼각형을 아주 정확하게 그릴 수 있습니다.

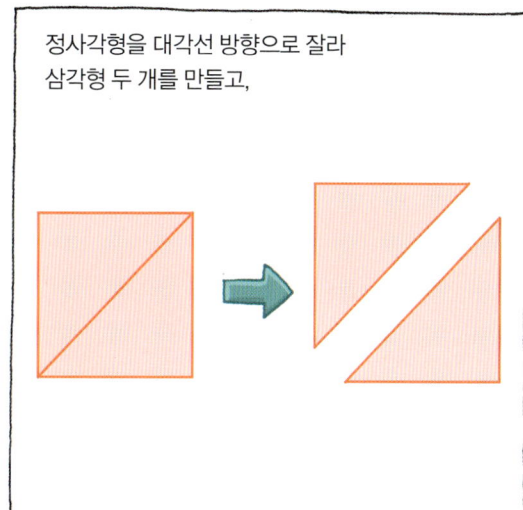

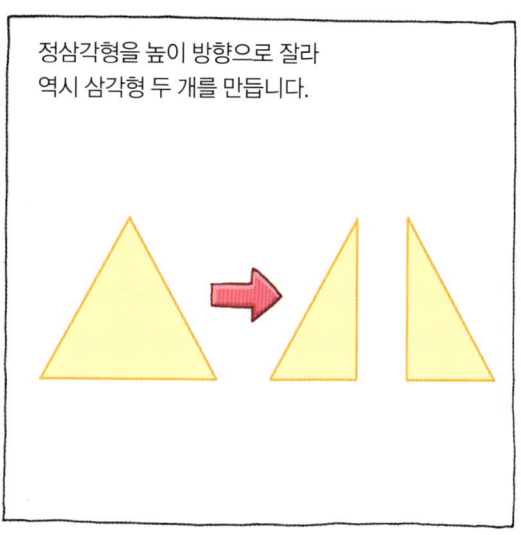

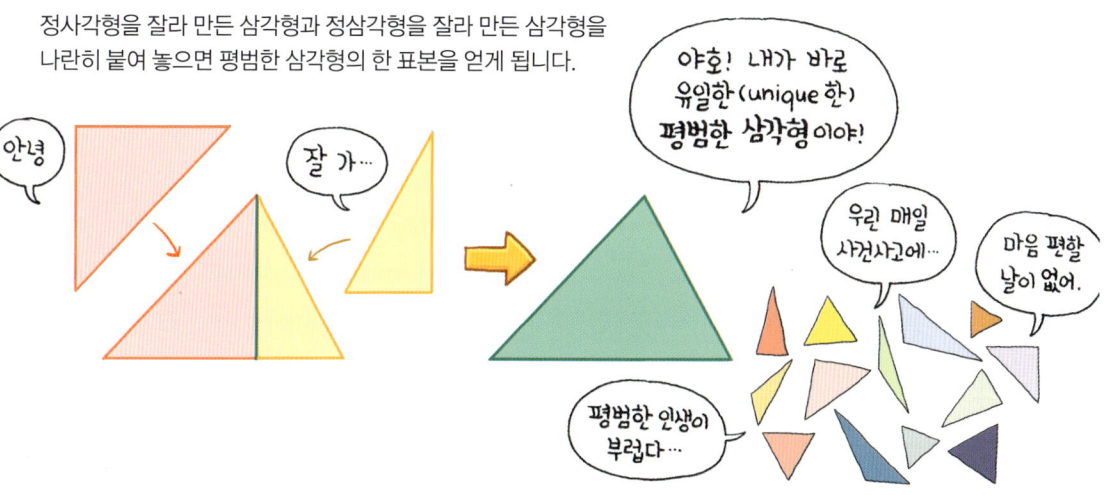

생각의 힘

1950년대에 있었던 일입니다. 영국의 컨테이너 운반선 한 척이 화물을 양륙하기 위하여 스코틀랜드의 한 항구에 닻을 내렸습니다. 포르투갈산(産) 마디라 포도주를 운반하는 배였습니다.

인간의 생각은 무슨 일이든 이루어 내는 힘을 가지고 있습니다.

한 선원이 모든 짐이 다 부려졌는지를 확인하려고 어떤 냉동 컨테이너 안으로 들어갔습니다.

그때 그가 안에 있는 것을 모르는 다른 선원이 밖에서 냉동실 문을 닫아 버렸습니다.

안에 갇힌 선원은 있는 힘을 다해서 벽을 두드렸지만 아무도 그 소리를 듣지 못했고 배는 포르투갈을 향해 다시 떠났습니다.

냉동실 안에 식량은 충분히 있었습니다. 그러나 선원은 자기가 오래 버티지 못할 것을 알고 있었습니다.

그래도 그는 힘을 내어 쇳조각 하나를 들고 냉동실 벽 위에 자기가 겪은 고난의 이야기를 시간별로, 날짜별로 새겨 나갔습니다.

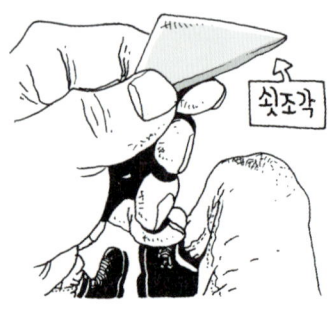

그는 죽음의 고통을 꼼꼼하게 기록했습니다. 냉기가 코와 손가락과 발가락을 꽁꽁 얼리고 몸을 마비시키는 과정을 적었고,

찬 공기에 언 부위가 견딜 수 없이 따끔거리는 상처로 변해 가는 과정을 묘사했으며,

자기의 온몸이 조금씩 굳어지면서 하나의 얼음 덩어리로 변해 가는 과정을 기록했습니다.

배가 리스본에 닻을 내렸을 때, 냉동 컨테이너의 문을 연 선장은 죽어 있는 선원을 발견했습니다.

선장은 벽에 새겨 놓은 고통의 일기를 읽었습니다. 그러나 정작 놀라운 것은 그게 아니었습니다.

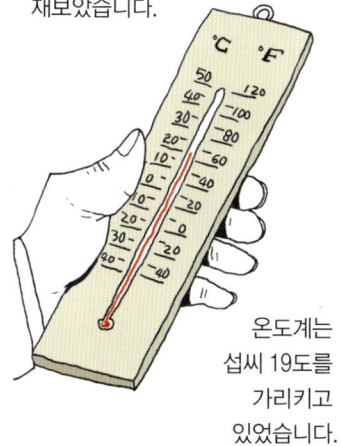
선장은 컨테이너 안의 온도를 재보았습니다. 온도계는 섭씨 19도를 가리키고 있었습니다.

그곳은 화물이 들어 있지 않았기 때문에 스코틀랜드에서 돌아오는 항해 동안 냉동 장치가 내내 작동하고 있지 않았습니다. 그 선원은 단지 자기가 춥다고 생각했기 때문에 죽었습니다. 그는 자기 혼자만의 상상 때문에 죽은 것입니다.

물론 생각의 힘을 긍정적인 방향으로 사용해야겠죠.

나는 내일까지 100쪽의 만화를 그릴 수 있다.

선물

그럼으로써 더 오랫동안 사랑을 즐길 수 있습니다.

노인

노인은 많은 경험을 쌓았기 때문에 부족의 나머지 사람들에게 도움을 줄 수 있지만, 갓난아이는 세상을 경험해 보지 않아서 자기의 죽음조차 의식하지 못하기 때문이라고 합니다.

아프리카에서는 갓난아이의 죽음보다 노인의 죽음을 더 슬퍼합니다.

유럽에서는 갓난아이의 죽음을 슬퍼합니다. 살았더라면 아주 훌륭한 일을 해낼 수 있었을 아기의 죽음을 안타까워하는 것입니다.

그에 비해 노인의 죽음에 대해서는 거의 관심을 보이지 않습니다.

선택

세계를 창조하는 법

당신이 어린 신이라고 가정합시다. 당신은 하나의 세계를 창조하고 싶어 합니다. 어떻게 하면 될까요?

여기에 그 방법을 소개합니다. 무(無)에 가까운 상태에서 생명을 창조하는 '물질적인' 방법입니다.

이 방법을 적용할 때 주의할 점은, 성분과 배합에 대한 지시를 정확하게 따라야 한다는 것입니다.

만일 여기 기술한 대로 정확하게 따를 수 없을 때는, 세계를 창조하겠다는 생각을 포기하기 바랍니다.

1) 작은 행성 하나를 선택합니다. 예를 들어 지름이 1만 3천 킬로미터쯤 되는 보통의 행성이면 됩니다.

그 행성에 열을 가하여 끓는 상태로 만듭니다. 최소한 섭씨 4천 도 정도가 될 만큼 아주 뜨거워야 합니다.

그 온도에서는 모든 화학 결합이 해리됩니다.

2) 행성의 온도를 조금 낮추어 섭씨 3천 도 정도가 되게 합니다. 국물을 계속 저으면 원자들이 섞이면서 응결물이 생깁니다.

국물을 조금 떠서 맛을 봅니다.

수소 화합물, 규화물, 탄화물, 산소, 질소, 수소 따위가 안정된 분자로 가장 잘 엉겨 있음을 알게 될 것입니다.

특히 수소는 얼마든지 있으니, 결코 아끼지 말아요.

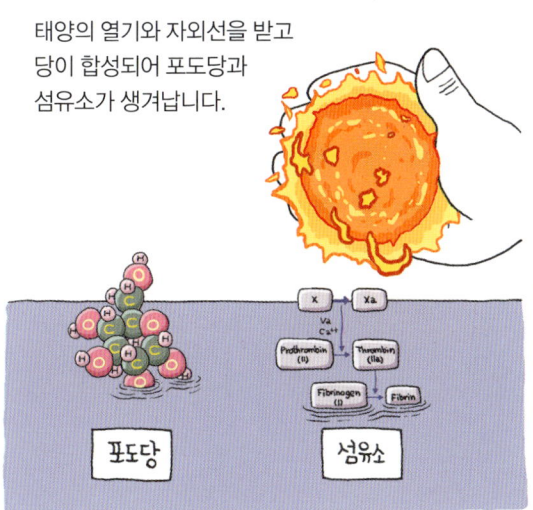

프랑스에서는 1937년 국제 박람회를 맞아 전 세계에 흩어진 릴리푸트 사람들에 대해 체계적인 조사를 벌였습니다. 그 과정에서 60명을 모을 수 있었고, 그들의 몸집에 맞는 집과 우물과 정원을 가진 마을을 지어 주었습니다.

전 세계에 흩어져 있는 소인국 사람들은 현재 8백 명 정도입니다. 그들은 대개 곡마단에서 구경거리 노릇을 하고 있습니다.

일본인들은 소인국 사람들을 자기들 나라로 끌어들이려고 갖은 노력을 다 기울였습니다.

그들은 소인국 사람들의 체형에 맞는 마을과 학교를 세웠고, 소인국 사람들을 모아 극단을 만들었습니다. 그 극단은 대한한 성공을 거두었습니다.

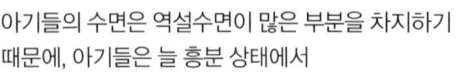

세스토드

승리

패배는 개혁적이고 승리는 보수적입니다. 사람들은 이런 진리를 막연하게나마 느끼고 있습니다.

우리의 실패는 이르면 이를수록 좋고, 우리를 물이 없는 수영장에 뛰어들게 해줄 다이빙대는 높을수록 좋습니다.

명철한 사람의 삶의 목표는 동시대의 모든 사람들에게 교훈을 줄 만한 참패에 도달하는 것입니다.

왜냐하면 사람들은 승리로부터는 결코 배울 게 없고, 실패를 통해서만 배우기 때문입니다.

시간

시간의 흐름에 대한 지각은 사람의 경우와 개미의 경우가 아주 다릅니다.

사람에게는 시간이 절대적입니다. 어떤 경우에도 시간의 길이와 주기가 일정하죠.

그와 반대로 개미에게는 시간이 상대적입니다.

날씨가 더울 때는 시간의 길이가 아주 짧습니다.

날씨가 추울 때는, 시간이 축축 늘어지고 무한히 길어져,

마침내는 동면을 하면서 그것을 의식하지 못할 정도까지 됩니다.

시간에 대한 지각이 이렇게 탄력적인 까닭에, 개미는 사물의 속도를 지각하는 데서도 우리와 사뭇 다릅니다.

사물의 운동을 규정할 때 개미들은 단지 공간과 지속된 시간만을 고려하는 게 아니라…

제3의 요소인 **온도**를 덧붙입니다.

시간 여행

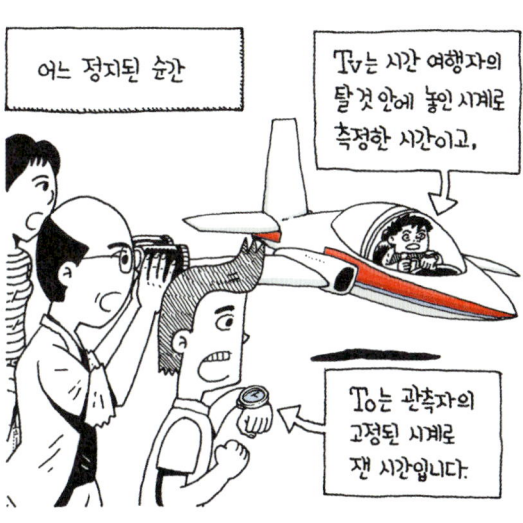

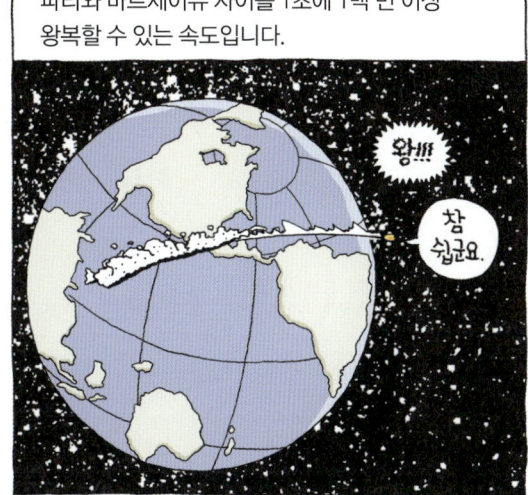

시공간의 문제

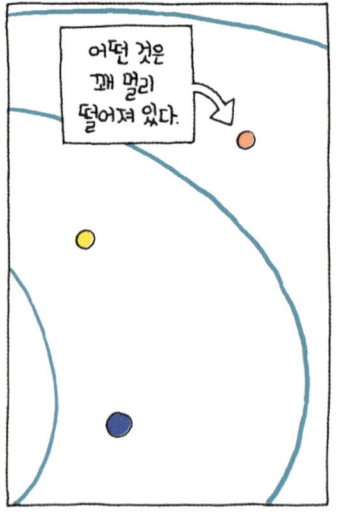

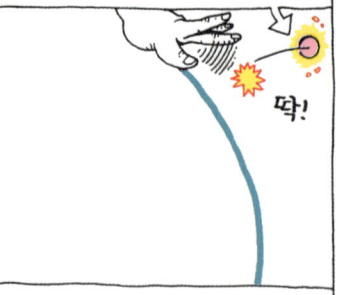

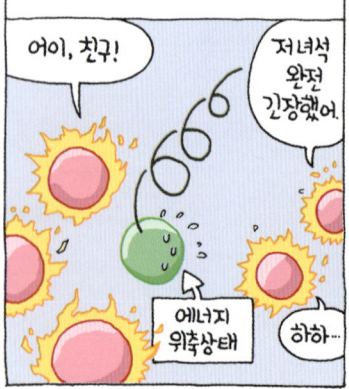

싱가포르 : 컴퓨터 도시

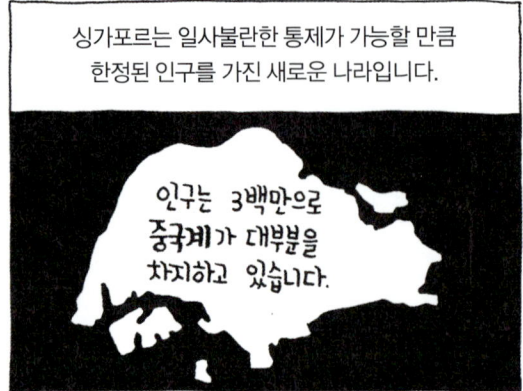

어떤 건물 안에 들어갈 때는 언제나 정문을 지키고 있는 경비원에게 자기 이름을 말해야 합니다.

도시 곳곳에 비디오카메라가 설치되어 있습니다.

싱가포르는 민주주의 국가지만, 국민들의 선거권 남용을 막는다는 구실로 투표 용지에 선거인 카드의 번호를 적게 되어 있습니다.

절도, 강간, 마약 복용, 뇌물 수수에 대해서는 교수형이 내려집니다.

태형도 여전히 행해지고 있습니다.

리콴유는 모든 국민들에게 아버지와 같은 존재였습니다. 그의 사상은 공산주의와 자본주의의 영향을 동시에 받았습니다.
그의 관심은 오로지 **효율**에 있었습니다.

싱가포르 정부는 개인 소득의 향상을 격려하는 한편 가난한 대학생들에게 주거를 제공하는 등, **부의 분배**에도 관심을 기울이고 있습니다.

신앙의 자유는 완전하게 보장되지만, 언론은 검열을 받습니다. 신문에서 섹스나 정치를 논하는 것은 허용되지 않습니다.

1982년, 우수한 두뇌를 가진 남자들이 멍청하고 얼굴만 예쁜 여자들하고만 결혼하는 바람에 똑똑한 여자들이 신랑감을 구하는 데 애를 먹고 있었습니다.

그래서 리콴유는 학위를 가진 여자와 결혼하려는 사람에게는 장려금을 주고,

학위를 소지하지 않은 여자가 아이를 둘 이상 낳을 때는 벌금을 부과하기로 결정했습니다.

문맹자에 대해서는 많은 돈을 주어 가며…

불임 수술을 받도록 적극적으로 권장하였습니다.

한편으로는 영재들을 위한 학교를 세우게 하고, 교육 수준이 아주 높은 고급 인력을 위해 해외여행의 기회를 무료로 마련해 주었습니다.

리콴유는 한 가정에 자녀가 둘이 넘으면 교육을 제대로 시킬 수 없다고 판단했습니다.

경찰에선 자녀가 이미 둘 있는 가정으로 밤마다 전화를 걸어, 피임약을 복용하거나 콘돔 사용하는 것을 잊지 말라고 당부했습니다.

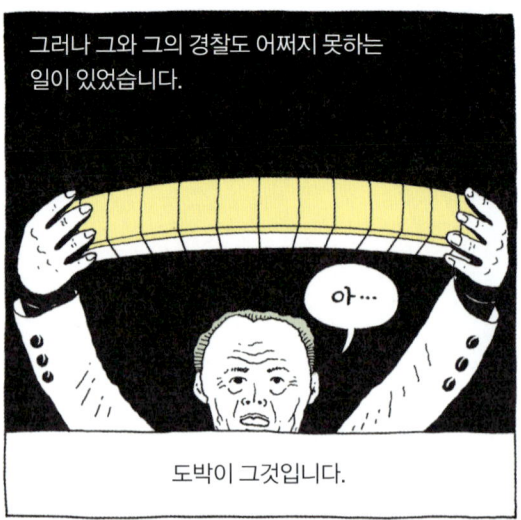

아이디어를 찾는 방법

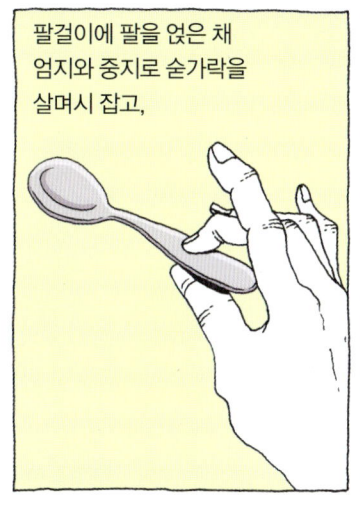

아기의 애도

아기는 생후 8개월이 되면 특유의 불안감을 경험하게 됩니다.

소아과 의사들은 그것을 **아기의 애도**(哀悼)라고 부릅니다.

어머니가 자기 곁을 떠날 때마다 어머니가 다시는 돌아오지 않으리라고 생각합니다. 어머니가 죽었다고 믿는 아이는 울음을 터뜨립니다.

어머니가 돌아와도 아기는 어머니가 또 떠날 것을 걱정하며 다시 불안감에 빠집니다.

그 나이에 아기는 세상에 자기가 통제할 수 없는 일들이 벌어지고 있다는 것을 깨닫습니다. '아기의 애도'는 자기가 세계로부터 독립되어 있다는 것을 의식함으로써 생기는 것이라고 볼 수 있습니다.

'내'가 나를 둘러싸고 있는 모든 것과 다르다는 사실은 참을 수 없는 슬픔입니다.

아기는 엄마와 자기가 떼려야 뗄 수 없이 결합되어 있는 것이 아니어서, 자기 혼자 남게 될 수도 있고,

낯선 사람들과 관계를 맺어야 할 때도 있음을 깨닫는 것이죠.

아메리카 인디언

수족(族), 샤이엔족, 아파치족, 크로우족, 코만치족, 그 밖의 어느 부족을 막론하고 그들은 똑같은 원칙을 공유하고 있었습니다.

우선, 그들은 스스로를 자연의 일부로 여겼을 뿐 자연의 주인이라고는 생각하지 않았습니다.

그들은 어떤 지역의 사냥감이 떨어지면, 사냥터에 다시 사냥감이 번성하도록 다른 곳으로 이주하곤 했습니다.

따라서 어디에 머물든 땅이 황폐해지는 일은 없었죠.

인디언의 가치 체계에서 개인주의는 명예보다는 수치의 원천이었습니다.

그들은 아무것도 소유하지 않고 아무것에 대해서도 자기 권리를 주장하지 않았습니다.

오늘날에도 인디언들은 자동차를 사면 가장 먼저 요구하는 인디언에게 빌려 주는 것을 당연한 일로 알고 있습니다.

인디언 자녀들은 속박 없이 교육을 받았습니다. 사실 그들은 인생과 자연을 스스로 배워 나갔다고 볼 수 있습니다.

그들은 식물을 접목시키는 방법을 알아내고 그것을 옥수수 잡종을 만들어 내는 데에 응용했으며,

파라고무나무를 이용하여 비가 새지 않는 천막을 만들 줄 알았습니다.

또 유럽인들이 흉내 낼 수 없을 만큼 무명을 곱게 짜서 옷을 지었으며,

아스피린과 키니네, 심지어는 초콜릿의 유용성을 알고 있었습니다.

인디언 사회는 평등주의적인 사회였습니다. 물론 추장이 있었지만…

사람들이 자발적으로 그의 지도를 따를 때만 추장일 수 있었습니다. 지도자가 된다는 것은 **신뢰**의 문제였죠.

그들은 사람이든 짐승이든 목숨 가진 것은 다 소중히 여겼습니다.
그들은 적들의 목숨을 함부로 해치지 않았습니다.
적들이 자기들 목숨을 함부로 다루지 않도록
하기 위해서였습니다.

그들에게 있어 전쟁은 무엇보다도 자기의 용기를 보여 줄 수 있는 품위 있는 놀이였습니다. 상대의 몸이 다치는 건 결코 원치 않았습니다.

막대기의 둥근 끄트머리가 상대에게 닿은 것으로 전투의 목표는 달성되었습니다.

상대를 죽이는 것보다 그것이 더 명예로운 일이었습니다.

상대에게 공격을 가하는 것은 한 번으로 족했습니다. 피가 내비치면 전투는 즉각 중단되었습니다.

전투 중에 사망자가 생기는 일은 좀처럼 보기 어려웠습니다.

인디언끼리의 전쟁은 주로 적의 말을 빼앗기 위한 것이었습니다.

그들은 백인들이 벌이는 대규모 전쟁을 이해하기 어려웠습니다. 백인들이 노인, 부녀자, 아이들을 가리지 않고 아무나 마구 죽이는 것을 보고 그들이 느낀 놀라움은 이루 말할 수가 없었습니다.

그래도 북미 인디언들은 남미 인디언들에 비해 더 오랫동안 저항하였습니다.

남미 인디언 사회는 공격하기가 더 용이했습니다. 추장의 목을 자르기만 하면 부족 사회 전체가 무너졌습니다.

북미 인디언 사회는 남미 쪽보다 더 분산된 구조를 가지고 있었습니다.

그것은 복잡한 계급 제도와 막강한 관료 제도를 가진 체제의 큰 약점입니다.

카우보이들은 수백 명씩 무리를 지어 이동하는 인디언들을 상대해야 했습니다.

움직이지 않는 머리 하나가 있는 것이 아니라 움직이는 머리가 수백이었습니다.

150명이 모인 한 부족을 굴복시키고 나면, 다시 150명으로 이루어진 또 다른 부족을 공격해야 했습니다.

알린스키 병법

히피 선동가이자 미국 최대 노동조합의 창립자인 솔 알린스키는 한때는 고고학을 전공하던 학생이었고

알 카포네 밑에서 갱 노릇을 하기도 했던 다채로운 이력을 가진 사람입니다.

그가 1970년에 어떤 지침서 한 권을 출판했는데,

그 책에는 생존 경쟁에서 살아남는 데 필요한 열 가지 전술 법칙이 다음과 같이 기술되어 있습니다.

1) 힘이란 당신이 지닌 것이 아니라, 당신이 지니고 있다고 주위 사람들이 믿고 있는 것이다.

2) 당신의 적이 자기 경험을 발휘할 수 있는 싸움터를 벗어나, 적이 어떻게 행동해야 할지 갈피를 잡지 못하는 새로운 전장(戰場)을 창안하라.

3) 적의 무기로 적을 쳐부수고, 적의 전술 지침에 나오는 요소들을 이용하여 적을 공격하라.

4) 말로 대적할 때는 익살이 가장 효율적인 무기다. 상대를 우스꽝스럽게 만들거나, 더 나아가서 상대방 혼자 우스꽝스런 짓을 하도록 이끌 수 있으면, 상대가 당신에게 다시 도전하기는 어려워진다.

5) 어떤 전술을 상투적으로 사용해서는 안 된다. 특히 잘 통하는 전술일수록 자주 사용하는 것을 피해야 한다. 하다못해 정반대의 전술을 채택해서라도 그것을 계속 사용하지 말아야 한다.

영국은 독일의 암호를 알고 있다는 것을 들키지 않기 위해 독일의 공격계획을 눈치 채고도 손실을 감수하였다.

6) 적이 수세에서 벗어나지 못하게 해야 한다. 마음 놓고 휴식을 취하면서 전력을 재정비하겠다는 생각을 갖게 해서는 안 된다. 시의 적절한 외적 요소들을 모두 사용하여 적에게 계속 압박을 가하여야 한다.

세 연합국의 지도자들이 동시에 독일을 공격 개시할 것에 동의하였다. - 프랑스 남부를 통한 상륙계획.

7) 실행에 옮길 수 없으면, 허세를 부리지 말아야 한다. 허장성세는 적에 대한 억제력을 모두 상실하게 만든다.

이탈리아의 무솔리니는 국력을 떠벌렸지만 사실은 허세였다. 훗날 독일-이탈리아 동맹을 약화시켰다.

8) 겉으로 보이는 단점은 가장 훌륭한 장점. 자기의 특성 하나하나를 약점이 아니라 강점으로 받아들여야 한다.

전쟁 승리 후 처칠은 총선에서 패배하여 수상자리에서 사임하였다. 평화시에는 어울리지 않는 정치가였다.

9) 승리를 거두었을 때는 그 승리를 자기 것으로 받아들이고 승자의 몫을 차지할 수 있어야 한다. 새로 선출된 지도자는 새로운 정책을 준비하고 있어야 한다. 그렇지 않으면 권력을 장악한 것은 아무 소용이 없다.

평화의 시대에 선출된 새 총리는 클레멘트 애틀리였다. 아담하고 조용한 애틀리는 모든 면에서 처칠과 정반대였다.

10) 목표를 하나로 집중시켜야 하고, 전투 중에는 그것을 바꾸지 말아야 한다. 목표는 가능한 한 가장 작고, 가장 뚜렷하고, 가장 상징적이어야 한다.

암캐미의 운명

비바람이 스치고 간 활짝 갠 여름날이면 개미들의 혼인 비행이 시작됩니다.

암캐미의 운명보다 더 아름답고 더 비참한 게 무엇이 있을까요?

여성은 강하다!

엄마는 강하다!

암캐미는 그날 하루에 비축한 정액으로 15년 동안 매일 알을 낳을 수 있습니다.

이제 암캐미는 도시를 건설하기에 알맞은 장소를 물색해야 합니다.

대단히 흥분되어 있기가 십상이어서 자기의 진로를 제대로 정하지 못하는 경우가 많습니다.

그 덕분에 새들이 횡재를 만납니다. 새들은 사정거리 안에 들어온 암캐미들을 게걸스럽게 삼켜 버립니다.

암캐미들의 수난은 거기서 그치지 않죠.

자동차 앞 유리에 부딪치기도 하고

개미귀신, 도마뱀, 박쥐, 개구리, 거북, 고슴도치 따위도 기다리고 있습니다.

거미줄에 사로잡히기도 합니다.

올레!!! (olleh!!!)

일반적으로 암캐미 2천 마리가 날아오르면, 그중에서 모든 시련을 이겨 내고 새로운 도시를 건설하는 데 성공하는 암캐미는 겨우 한 마리나 두 마리뿐입니다.

'여왕개미'라고 불릴 자격이 있다구요!!!

살아남은 암캐미에게도 시련은 여전히 남아 있습니다. 그것도 산란이라는 가장 혹독한 시련이 남아 있습니다.

이게 여자의 운명일까?

여왕개미는 적들로부터 스스로를 보호하기 위해 땅속에 들어가 몸을 반쯤 숨깁니다.

그러나, 그렇게 꼼짝 않고 있으면 먹이를 구할 수 없습니다.

그래서 여왕개미는 우선 아무 쓸모가 없게 된 제 날개부터 먹어 치웁니다.

허겁지겁

그다음에는 주위에 널려 있는 먹을거리를 모조리 삼켜 버립니다.

이제 더 이상 먹을 것이 없으니 어쩔 수 없이 다른 해결책을 찾아야 합니다.

……

그 해결책이란,

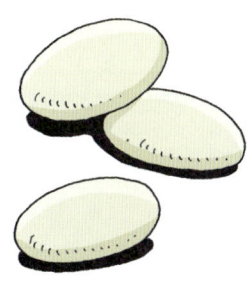

바로 제가 낳은 알을 먹는 것입니다.

여왕개미는 알 하나를 낳고는, 목숨을 부지하기 위해, 그리고 다른 알들을 낳기 위해 그것을 먹습니다.

더 큰 생존을 위해
대의(大義)를 위해!!!

으스스한 산술이 시작됩니다.

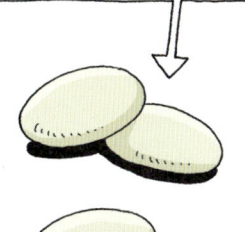

여왕개미는 알 세 개를 낳아 그중 둘을 먹고,

하나를 키웁니다.
나중에 그것을 마저 먹고,

다시 알 세 개를 낳습니다. 그중 세 번째 알은 좀 더 오랫동안 남겨 둡니다.

알들이 좀 더 훌륭해졌다.

그러기를 몇 차례 되풀이한 뒤에,

마침내 개미 한 마리가 알을 깨고 나옵니다. 그 무녀리 개미는 가냘프고 허약하지만…

구멍을 빠져나가 밖에서 먹이를 날라 오너라.

그럼으로써 여왕개미는 더 이상 알을 먹지 않아도 되죠.

그 개미가 날라다 준 먹이를 먹고 여왕개미는 마침내 품종이 우수한 알들을 낳기 시작합니다.

그 알들이 부화함으로써 제1세대의 '정상적인' 시민들이 출현합니다.

그들의 첫 임무는 여왕을 먹여 살린 허약한 무녀리 개미를 죽이는 일입니다.

그럼으로써 여왕개미가 알을 먹었던 고통스런 과거가 깡그리 잊힙니다.

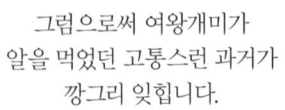

도시를 태어나게 한 최초의 개미를 죽임으로써

개미 사회는 식의(食蟻) 관습으로 얼룩진 더러운 역사를 씻고 새롭게 출발합니다.

이후에 태어날 새로운 세대들은 새끼에 대한 어미의 잔학 행위와 도시를 살려 낸 영웅적인 선조의 죽음으로부터 자기들의 역사가 시작되었다는 사실을 전혀 모르게 될 것입니다.

에너지

역지사지(易地思之)
: 열한 번째 계명

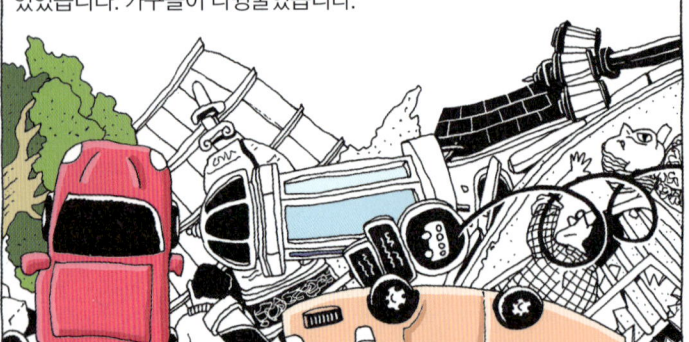

그 뒤에 눈이 하나 있었습니다 하늘 전체만큼이나 큰 외눈이 나를 주시했습니다.

잠시 후, 나의 반응을 보고 싶어 하는 듯 그 눈은 숟가락 같은 것으로 벽을 두드리기 시작했습니다.

귀청을 찢는 듯한 종소리가 울렸습니다.

아파트의 아직 깨지지 않은 유리들이 모두 박살났습니다. 눈은 여전히 나를 바라보았는데 크기가 태양의 백 배는 되었습니다.

나는 그 꿈이 현실로 나타나지 않기를 바랍니다. 그 꿈을 꾸고 난 뒤로 나는 더 이상 숲으로 개미집을 파러 가지 않았습니다. 지금 키우고 있는 개미들이 모두 죽고 나면 다시는 개미집을 집 안에 들여놓지 않을 것입니다.

그 꿈은 열한 번째 계명이라고 할 만한 것을 나에게 일깨웠습니다.

나는 그 계명을 주위 사람들에게 강요하기에 앞서 내가 먼저 실천하려고 합니다.

그 계명이란 '남이 너에게 행하기를 원치 않는 일을 남에게 행하지 말라'는 것입니다.

여기에서 '남'이란 말은 다른 '모든 생명'을 뜻합니다.

역학 관계

스무 개의 우리에서 역시 똑같은 구조, 즉 피착취자 두 마리, 착취자 두 마리, 독립적인 쥐 한 마리, 천덕꾸러기 쥐 한 마리가 나타났습니다.

왜와 어떻게

장애물이 앞에 나타났을 때, 사람이 보이는 최초의 반응은

왜 이런 문제가 생긴 거지? 이것은 누구의 잘못이지?
라고 생각하는 것입니다.

그는 잘못을 범한 사람을 찾고 다시는 그런 일이 생기지 않도록 그에게 부과해야 할 벌이 무엇인지를 찾습니다.

똑같은 상황에서 개미는 먼저 '어떻게, 누구의 도움을 받아서 이 문제를 해결할 수 있을까?' 라고 생각합니다.

개미 세계에는 '유죄'라는 개념이 전혀 없습니다.

왜 일이 제대로 되지 않았을까?
라고 자문하는 사람들과

어떻게 하면 일이 제대로 되게 할 수 있을까?
라고 자문하는 사람들 사이에 커다란 차이가 생기는 것은 자명합니다.

현재 인간 세계는 '왜'라고 묻는 사람들이 지배하고 있습니다.

언젠가는 '어떻게'라고 묻는 사람들이 다스리는 날이 오게 될 것입니다.

연금술

연금술의 첫 단계는 까마귀의 단계, 즉 '흑색화 단계'라 불립니다. '마테리아 프리마(최초의 물질)'를 취하여 거기에 흙을 넣은 다음 열을 가하여 굽는 배소(焙燒)의 단계입니다. '흑색화'라는 이름도 그래서 붙여진 것입니다.

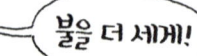

불길을 세게 하여 더 태우면, 검게 탄 고체가 액체로 변합니다. 즉 흙의 성질이 물의 성질로 바뀌는 것입니다.

그때 다시 불을 때면 액체가 증기가 되면서 원소들이 침전됩니다.

이 조작을 '백색화 단계'라고 부릅니다.

액체를 더 끓이면 두 번째 침전물을 얻을 수 있습니다. 이 작업을 '적색화 단계'라고 부릅니다.

그 금분은 다시 '현자의 돌'을 낳게 될 것입니다. 그 금분은 예컨대 '원탁의 기사 전설'에 나오는 마법사 멀린의 그것과 비슷합니다.

'승화'라고도 하는 그 마지막 단계에서 금가루가 고착됩니다.

연대 의식

어원적으로 보면, '공감'이란 말은 '함께 고통을 겪다'라는 뜻의 그리스어에서 유래합니다.

공감 sympathie : soun pathein
(함께 고통을 겪다)

동정 compassion : cumpatior
(함께 고통을 겪다)

마찬가지로 '동정'이란 말도 '함께 고통을 겪다'라는 뜻의 라틴어에서 나온 것입니다.

벗들과의 우정을 간직하려면, 자기들이 성공한 일에 대해 이야기하기보다는 자기들이 실망한 일, 실패한 일을 자꾸 들먹이는 쪽이 낫습니다.

대부분의 종교에서 순교자들을 기리는 일에 정성을 다하는 것도 그런 것과 관계가 있습니다.

저마다 상상 속에서나마 골고다의 언덕이나 선구자들의 고난을 겪게 함으로써, 공동체의 끈끈한 연대를 유지하려는 것입니다.

어떤 집단에 응집력과 결속력이 건재하는 것은 그 골고다의 언덕에 대한 기억 때문입니다.

영이라는 수

영은 기원전 2세기 중국의 산술이나(점으로 표기),

마야인들의 문명에서(나선으로 표시) 그 자취를 찾을 수 있습니다.

하지만, 우리가 현재 사용하는 영은 인도에서 유래한 것입니다. 7세기에 페르시아인들은 인도인들의 영을 모방했습니다. 몇 세기 후에…

아라비아인들이 페르시아인들로부터 그 수를 빌려 왔습니다.

유럽에는 13세기가 되어서야 이탈리아의 수학자 레오나르도 피보나치의 소개로 영의 개념이 도입되었습니다, 피보나치는 베네치아의 상인이었습니다.

그는 동시대 사람들에게 영의 개념이 얼마나 유익한지를 설명하려고 애썼으나 사람들은 그의 설명을 이해하지 못했습니다.

교회는 영이 많은 개념들을 뒤엎는다고 판단했습니다.

영이 악마적이라고 생각하는 종교 재판관들마저 있었습니다.

사실, 어떤 수와 곱하든 그 수를 무(無)로 만들어 버리는 영은 사탄의 수라는 오해를 받을 법도 했습니다.

그 자체로는 아무것도 아니면서 다른 수에 붙이면 그 수를 열 배로 만들 수 있었습니다.

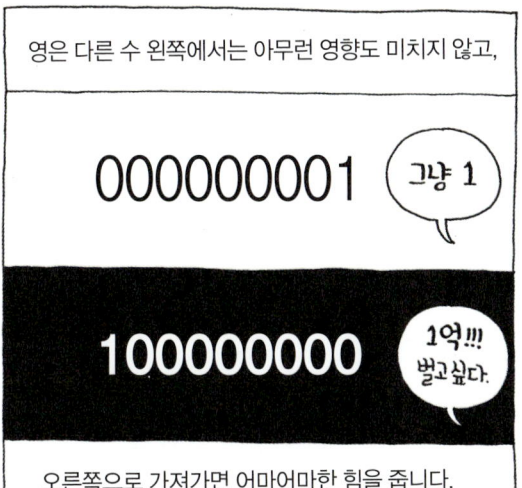

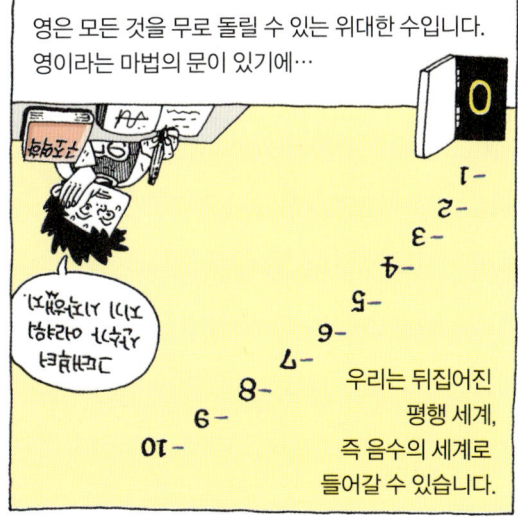

외계 생물

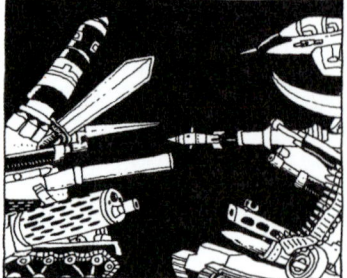

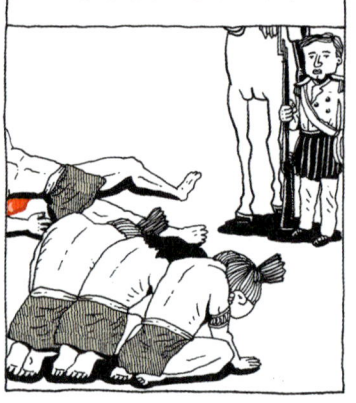

우리는 똑같다

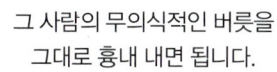

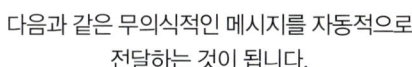

우주

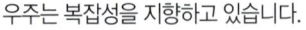

우주는 복잡성을 지향하고 있습니다.

수소에서 헬륨으로, 헬륨에서 탄소로, 끊임없이 복잡해지고

끊임없이 다단해지는 것이 만물의 진화하는 방향입니다.

우리에게 알려진 모든 행성 가운데 지구가 가장 복잡합니다.

지구는 자체의 온도가 변화할 수 있는 지대에 들어 있습니다.

대양과 산이 지구를 덮고 있습니다.

생명 형태의 다양성은 거의 무궁무진합니다. 그러나 지력으로 다른 생명들을 압도하는 두 종류의 생명이 있다면, 그것은 개미와 인간입니다.

신은 지구를 어떤 실험을 하기 위해 이용하고 있는 것처럼 보입니다.

수십억 년의 매치!!!

VS

한쪽이 완전 승리할 때까지!!!

신은 어느 쪽이 더 빨리 가는가를 보려고 완전히 상반된 철학을 가진 두 종을 의식의 경주 위에 던져 놓았습니다.

원수를 사랑하기

웬다트 부족

짐승을 죽이기 직전에 자기가 왜 죽이려 하는지를 그 동물에게 설명합니다.

그들은 짐승을 잡아먹을 사람이 누구인지,

그 짐승을 죽이지 않으면 자기 가족에게 어떤 일이 일어나는지 큰소리로 이야기한 다음에

방아쇠를 당깁니다.

사냥꾼이 그렇게 짐승의 살과 가죽이 없으면 안되는 이유를 설명하면, 그 짐승이 그것들을 제공하기 위해 너그럽게 자기 목숨을 내놓을 거라고 그들은 믿고 있습니다.

육이라는 수

6은 창조를 뜻하는 수입니다. 하느님은 엿새 만에 천지를 창조하고 7일째에는 휴식을 취했습니다.

클레망 달렉상드리에 따르면, 우주는 서로 다른 여섯 방향에서 창조되었다고 합니다.

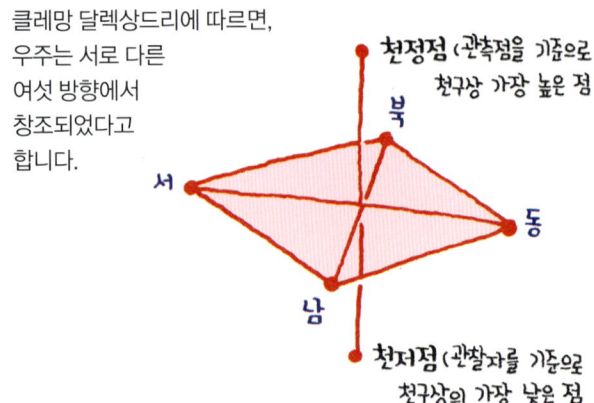

인도에서 양트라고 부르는 여섯 뿔박이 별은 사랑의 행위, 즉 요니와 링감의 결합을 의미합니다.

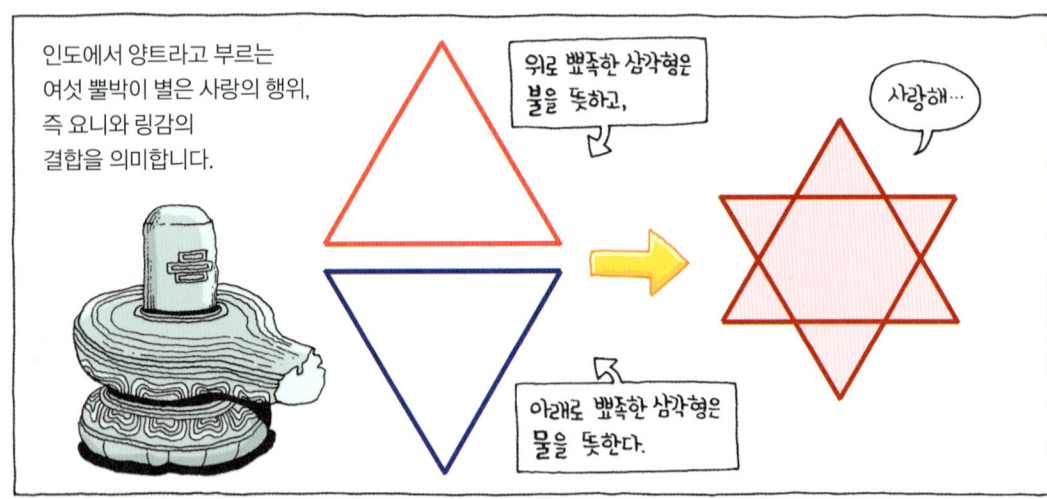

솔로몬의 옥새라고도 불리는 다윗의 별을 히브리 사람들은 우주를 이루는 모든 요소의 총화를 상징한다고 생각합니다.

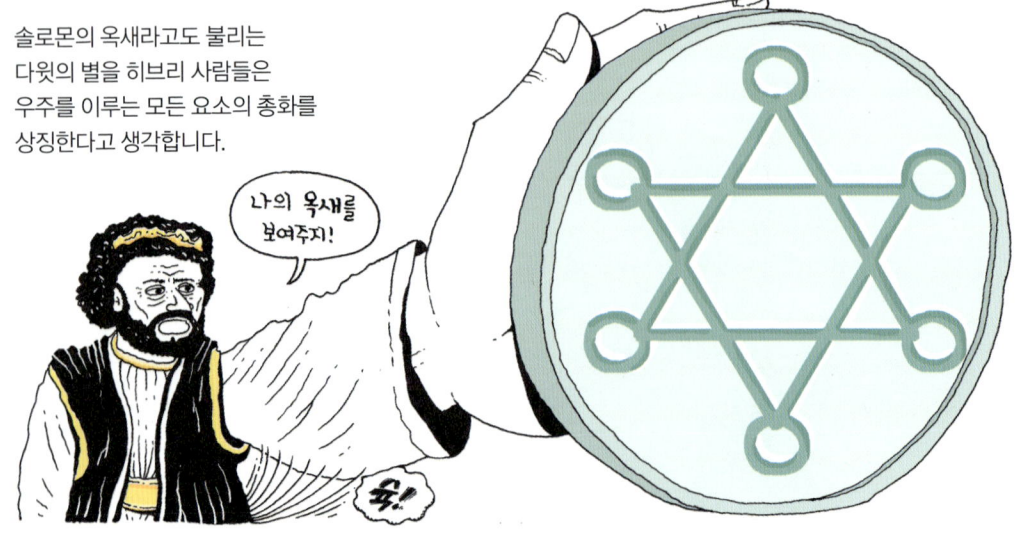

연금술에서는 별의 여섯 개 뿔이 각각 하나의 금속과 혹성에 대응한다고 생각합니다.

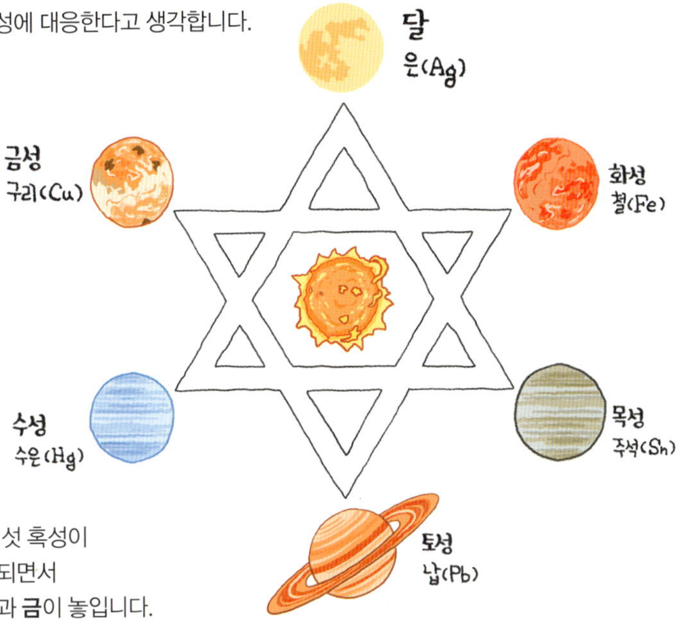

달
은(Ag)

금성
구리(Cu)

화성
철(Fe)

수성
수은(Hg)

목성
주석(Sn)

토성
납(Pb)

여섯 원소와 여섯 혹성이 오묘하게 결합되면서 중앙에는 **태양**과 **금**이 놓입니다.

어이쿠, 눈부셔!

회화에서 여섯 뿔박이 별은 색깔들이 결합할 수 있는 모든 경우를 보여 주기 위해서 사용됩니다.

아이쿠, 눈부셔!

모든 색깔을 결합하면, 가운데 육각형 안에 하얀 빛이 만들어집니다.

인류의 미래

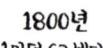

뇌의 용적은 아마 우리보다 클 것입니다. 호모 사피엔스의 두개골은 이미 3백만 년 전에 살았던 최초의 인류보다 세 배나 커진 바 있습니다.

인디언의 곰 덫

아메리카 인디언들은 아주 원시적인 형태의 곰덫을 사용합니다.

그것은 커다란 돌덩이에 꿀을 바르고 나뭇가지에 밧줄로 매달아 놓은 것입니다.

그것을 발견한 곰은 먹음직스러운 먹이로 생각하고 다가와 발길질을 하면서 돌덩이를 잡으려고 합니다.

그러면 돌덩이가 진자 운동을 합니다.

앞으로 밀려 갔던 돌덩이가 뒤로 되돌아올 때마다 곰을 때립니다.

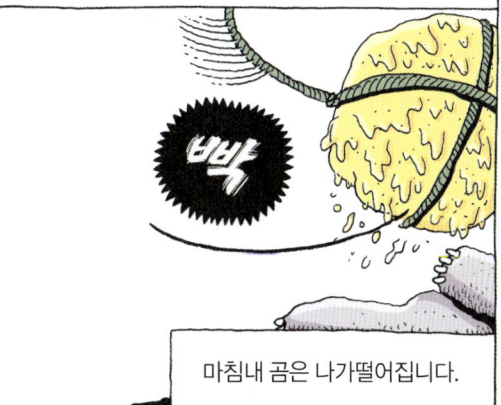

곰은 화가 나서 점점 더 세게 돌덩이를 때립니다.

곰이 돌덩이를 더 세게 치면 칠수록 돌덩이는 더 큰 반동으로 곰을 후려칩니다.

마침내 곰은 나가떨어집니다.

음모가들이 지배하는 시대

인간 사회에 가장 널리 퍼져 있는 조직 체계는 다음과 같습니다.

복잡한 위계 구조에 편입되어 있는 '관리자들', 즉 권력을 가진 사람들이

가장 제한된 권리를 지닌 '창조자들' 집단을 지도하거나 관리하고,

'중개자들'이 분배를 구실로 창조자들의 노동 산물을 가로챕니다.

동의합니다!

개미 세계에 일개미, 병정개미, 생식개미, 세 계급이 있듯이

오늘날의 인간 사회에는 관리자, 창조자, 중개자라는 세 계층이 있는 것입니다.

20세기 초 러시아의 두 지도자였던 스탈린과 트로츠키 사이의 권력 투쟁은, 한 사회가 창조자들이 우대받는 체제에서 관리자들이 특권을 누리는 체제로 이행하는 모습을 아주 잘 보여 주고 있습니다.

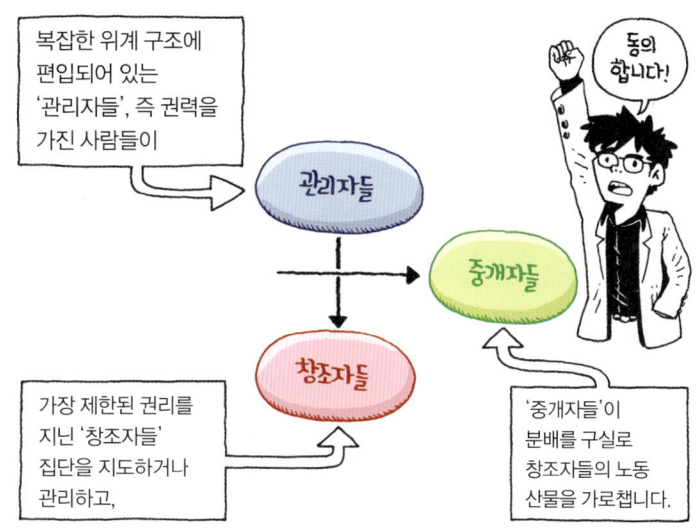

수학자이자 '붉은 군대'의 창설자인 트로츠키가 음모가인 스탈린에게 밀려남으로써

붉은 군대를 포기해.

아니면 푸른군대를 만들게.

창조자의 시대에서 관리자의 시대로 넘어간 것입니다.

사회 계층 구조에서 더 높이 더 빨리 올라가는 사람들은, 새로운 개념과 새로운 물건을 만들어 낼 수 있는 사람들이 아니라, 사람들을 유혹할 줄 알고 살인자들을 모을 줄 알며 정보를 왜곡할 줄 아는 사람들입니다.

거참, 듣던 중 공감되는 말입니다!!!

유혹! 살인! 왜곡!

잡식 동물

지구의 주인으로 확고히 자리 잡기 위해서는 지구에서 생산되는 모든 형태의 먹이를 삼킬 수 있어야 합니다.

한 가지 먹이에만 의존하는 동물은 그 먹이가 떨어지면 생존에 위협을 받게 됩니다.

유칼립투스 잎만 먹고 사는 코알라들도 산림의 나무를 베어 내면 살아남을 수가 없습니다.

인간은 개미, 바퀴벌레, 돼지, 쥐들처럼 그 사실을 깨달았습니다.

한 종류의 곤충만 먹고 사는 많은 종류의 새들은 그 곤충들이 이동하는 것을 따라잡지 못한 채 멸종해 갑니다.

이들 다섯 종은 거의 모든 종류의 먹이, 심지어 찌꺼기조차 맛보고, 소화시킵니다. 또 이 다섯 종은 주위 환경에 가장 잘 적응하기 위해 언제라도 먹이의 종류를 바꿀 수 있다는 공통점을 지니고 있습니다.

따라서 이들은 새로운 먹이 때문에 전염병에 걸리게 되거나 독성에 치이는 것을 피하기 위해

먹이를 먹기 전에 반드시 실험을 해봅니다.

전략

적이 예측할 수 없는 전략을 짜는 방법 가운데 하나는,

전체주의

사람들은 여러 이유로 개미에 관심을 갖습니다. 어떤 사람들은 개미가 완벽한 전체주의 체제를 이루어 냈다고 생각하면서 흥미를 느낍니다.

사실 밖에서 보면 개미 둥지에서는 모두 똑같이 일하고, 모두가 전체의 이익에 따르며, 모두 자기를 희생할 준비가 되어 있고, 모두가 한결같은 모습입니다.

그런데 인간의 전체주의 체제는 현재로서는 모두 실패했습니다.

이집트인, 그리스인, 로마인, 바빌로니아인, 카르타고인, 페르시아인, 중국인, 프랑스인, 영국인, 러시아인, 독일인, 일본인, 미국인 들은 모두 영광의 시기를 경험했지만, 언제나 작은 모래알 하나가 떨어져 단일화한 그들의 체계를 무너뜨렸습니다.

그래서 모듬살이 곤충을 흉내 내려고 하는 사람들이 생겨납니다

나폴레옹의 휘장이 꿀벌이었음을 생각해 보라.

개미 둥지 전체를 하나의 생각으로 통일시켜 주는 것이 페로몬이라면,

오늘날의 인간 사회에서는 세계적인 방송망을 가진 텔레비전이 그런 역할을 합니다.

사람들은 자기 나름대로 가장 좋다고 생각하는 것을 제시하면서 모두가 따라 주기를 바랍니다.

정신권(精神圈)
: 집단적 무의식

그것들은 저마다 다른 역할을 맡고 있는 것 같습니다.

우리는 완전히 독립된 두 개의 뇌를 가지고 있습니다. 대뇌의 좌우 반구가 그것입니다.

왼쪽 뇌는 모든 것을 숫자로 분석하면서 활동하고, 디지털 방식으로 기능하고,

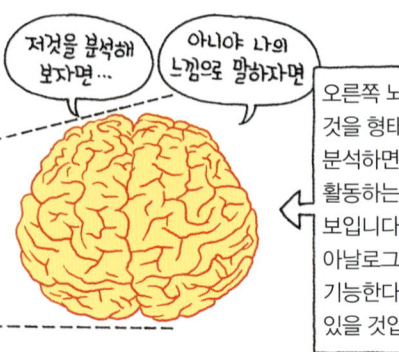

저것을 분석해 보자면…

아니야 나의 느낌으로 말하자면

오른쪽 뇌는 모든 것을 형태로 분석하면서 활동하는 것으로 보입니다. 아날로그 방식으로 기능한다고 할 수 있을 것입니다.

동일한 정보를 놓고, 좌우 반구는 서로 다르게 분석하여 때에 따라서 정반대의 결론에 이를 수도 있습니다.

하지만 둘은 서로 의견의 일치를 보아야 합니다.

골돈!!!

솔솔…

그러지 않으면 우리는 심각한 정신 장애에 빠질 염려가 있습니다.

무의식의 담당자이자 조언자인 우반구가 꿈을 매개로 삼아 의식 담당자이자 실행자인 좌반구에게 자기 의견을 말할 수 있는 때는

소곤소곤…

오로지 우리가 잠잘 때 뿐일 것입니다.

그것은 뛰어난 직감을 가진 아내가 아주 현실주의적인 남편에게 자기 의견을 넌지시 비치는 것에 비유할 수 있을 것입니다.

마누라 말 잘 들으면 자다가도 떡이 생긴대.

정말?!

그래서 말인데… 그 사람 사기꾼 같아…

테야르 교수에 따르면, 여성적인 뇌인 우반구는 또 다른 능력을 가지고 있다고 합니다.

그 능력이란 정신권에 선을 댈 수 있는 소질입니다.

정신권(精神圈)!!!

그런데 '정신권'이 뭐죠?

칼 융은 그것을 집단적 무의식이라고 명명했습니다.

솔직한 사람… 우리 모두 모르는데, 히히…

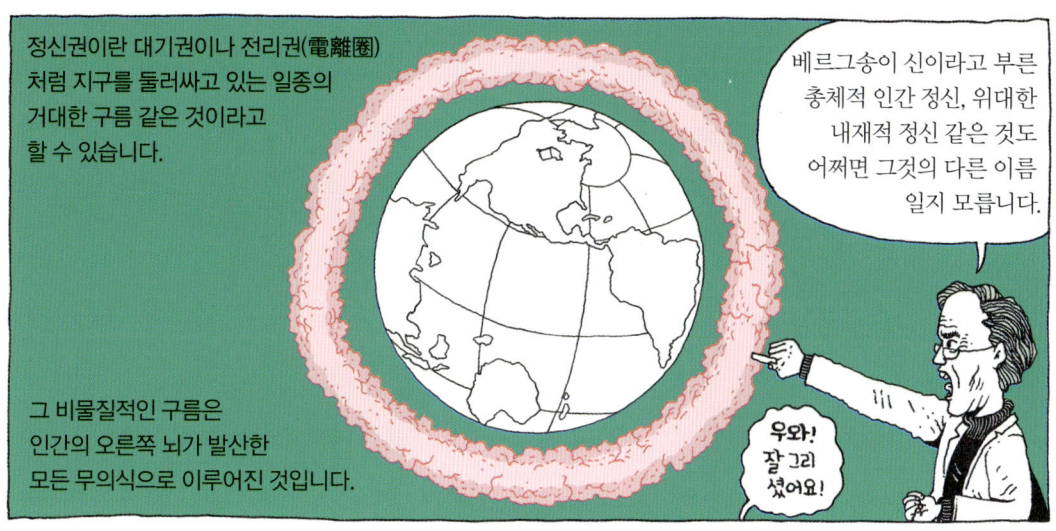

전사

진정한 전사는…

친구들보다 적들에게 더 관심이 많다는 사실로 알아볼 수 있습니다.

종이

그 치수는 알고 보면 레오나르도 다빈치가 발견한 카논(여러 수치 사이의 비율) 가운데 하나입니다.

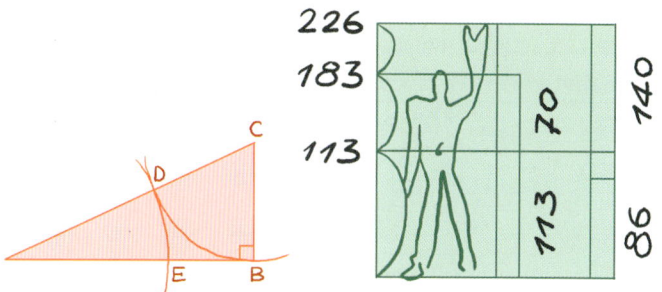

그 카논은 특별한 성격을 지니고 있습니다.

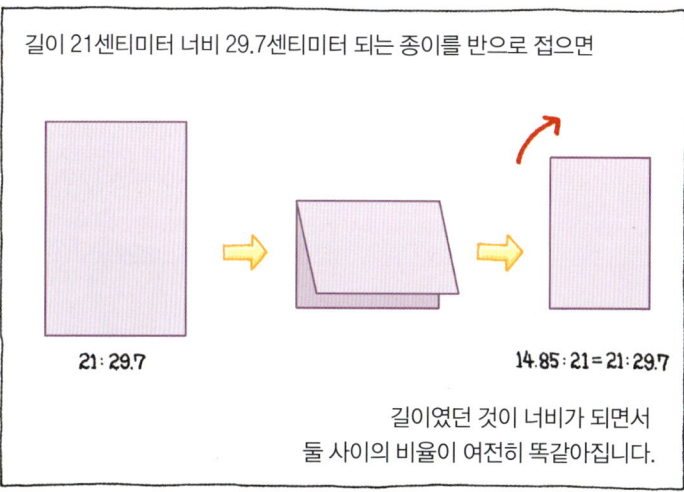

그 비율은 변함이 없습니다.

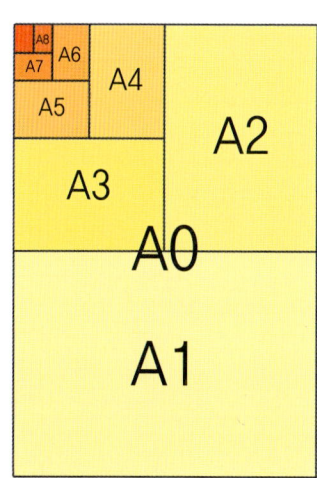

그 카논은 그런 특성을 가진 유일한 비율입니다.

쥐들의 외통

꼬리를 매듭처럼 풀어지지 않게 엮은 채 움직이지도 못하고 먹이를 구하지도 못하는 궁지에 빠진 쥐들이 발견되는 경우가 있습니다.

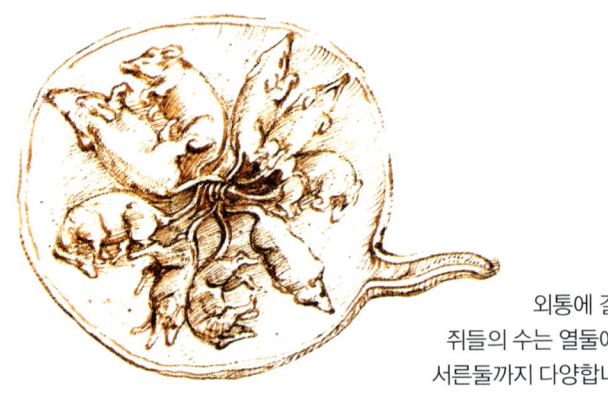

외통에 걸린 쥐들의 수는 열둘에서 서른둘까지 다양합니다.

가장 그럴듯한 설명에 따르면, 어떤 비좁은 구석에 처박히게 된 새끼 쥐들이 '우연히' 꼬리를 엉클게 되었는데,

새끼 쥐들의 꼬리에는 아교처럼 끈끈한 액이 묻어 있기 때문에 그런 현상이 나타난다는 것입니다.

어떤 과학자들은 어미 쥐들이 새끼들을 굶어 죽게 하려고 꼬리를 엮도록 강요한 것이라고 생각했습니다.

그러나 그 가설은 옳지 않다는 것이 드러났습니다.

지능과 환경

지하철의 귀뚜라미

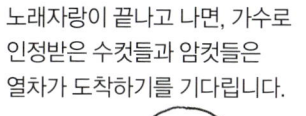

진나라 시황제

처음엔 혼돈이 있었습니다.

기원전 3세기 중국에서는 한(韓), 위(魏), 조(趙), 제(齊), 진(秦), 연(燕), 초(楚) 일곱 나라가 할거하여 끊일 새 없이 전쟁을 벌이고 있었습니다.

그에 따라 철제 무기와 관련된 산업이 발달하고, 농업 공동체의 해체가 일어났으며, 사람들은 철기를 이용하기에 효과적인 더 큰 단위로 재조직되었습니다.

말하자면 농촌 인구의 대이동이 일어났던 셈입니다.

도시 인구의 증가는 유한 지식 계급의 번성으로 이어져, 이른바 제자백가의 시대를 맞았습니다.

제자백가 가운데 법가(法家)의 출현은 새로운 제도인 절대 군주제를 낳게 했습니다.

법가 사상가들은 완벽한 절대 왕정의 국가를 건설하고 싶어 했습니다.

그들은 나중에 시황제가 될 진나라 왕 정(政)에게 그의 모든 권력을 시험하게 했습니다.

왕의 지배력을 강화하기 위해 백성들을 분할하고 상호 감시 체계를 만들었습니다.

범법 행위를 고발하지 않는 것 자체가 범법 행위였습니다.

다음과 같이 물고 물리는 밀고의 순환이 일어납니다.

법가는 중국적인 형벌의 개념을 창안했습니다.

모든 백성들이 법률을 즉각 마음에 새기고 그것을 어기는 것은 상상도 못하게 만드는 그런 형벌이었습니다.

고문을 가르치는 학교까지 생기는 판국이었습니다.

몇몇 죄인을 공개 처형하는 것만으로 새로운 법을 주지시키기에 충분했을 터인데도,

백성들이 한시라도 법을 잊지 않게 하려고 형을 집행하기 전에 죄인들을 끌고 돌아다니는 조리돌리기를 생각해 냈습니다.

가혹한 형벌 제도를 만든 데 이어 법가들은 '생각하는 것을 금하는' 정책을 만들어 냈습니다. 그들은 주장했습니다.

그에 따라, 기원전 213년 진나라 시황제는 책들을 반체제적인 위험물로 규정하는 법령을 반포하기에 이르렀습니다.

사람들을 일에 취하게 만드는 것입니다.

여섯 나라를 차례로 멸망시킨 뒤, 과대망상에 사로잡힌 황제는 스스로를 세계의 주인이라고 칭하였습니다.

자기 군대가 정복자가 되어 더 이상 쓸모가 없어졌음을 깨닫고, 황제는 어마어마한 사업에 착수했습니다. 만리장성의 축조가 그것입니다.

그 공사장은 처음엔 지식인들의 노역장에 불과했지만, 곧 백성들을 통제하는 좋은 빌미가 되었습니다. 그 장성을 건설하면서 4천만의 백성이 목숨을 잃었습니다.

황제는 철기 기술자인 자기 스승에게 명하여 철제 꼭두각시들을 만들게 했습니다.

당시에 그 화학 물질은 불로장생의 명약으로 알려져 있었지만,

그가 살아 있는 동안에 구축해 놓은 공포 정치가 어찌나 막강했던지, 그의 신하들은 그가 죽어서 시체 썩는 냄새가 진동할 때까지 그를 경배하였고 수라도 올렸습니다.

촉각의 착오

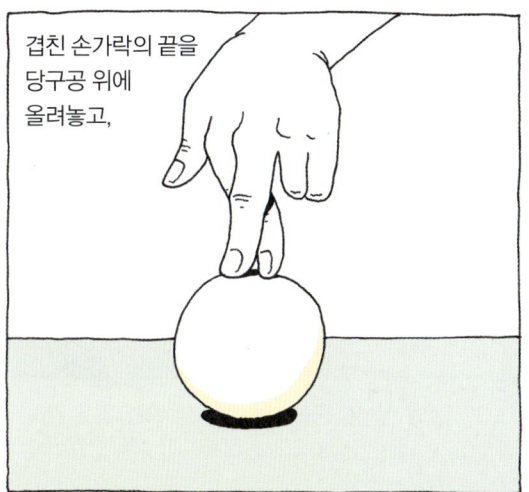
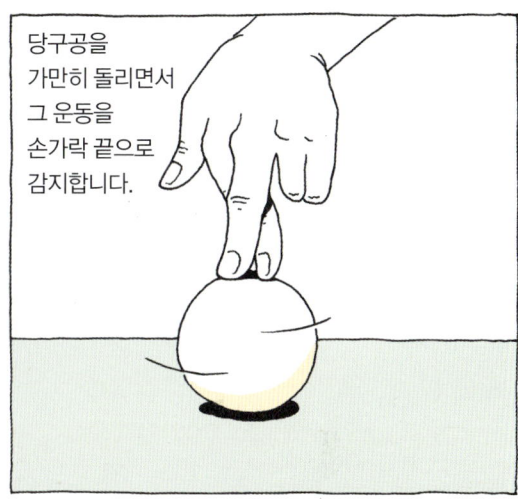

질서와 무질서

질서는 무질서를 낳고 무질서는 질서를 낳습니다.

이론상으로는, 오믈렛을 만들려고 휘저은 계란이 다시 원래 계란의 형태를 취할 수 있는 일말의 가능성이 존재합니다.

무질서를 많이 넣으면 넣을수록 최초의 알의 질서를 되찾을 기회는 점점 많아질 것입니다.

결국 질서란 무질서의 결합에 지나지 않습니다.

마찬가지로 우리 우주는 어떤 질서의 일부입니다. 우주가 확장되면 될수록 점점 더 무질서한 상태로 빠져듭니다.

무질서가 확장되면 새로운 질서들을 낳습니다.

그 새로운 질서들 중에서 최초의 질서와 똑같은 것이 생길 수 있는 가능성을 완전히 배제할 수는 없습니다.

자연의 적은 인위적인 질서입니다. 자연은 다양하고 무질서합니다.

질서 정연한 것은 어떤 고유한 운동을 반복하지만, 그 운동은 굳은 것, 곧 죽은 것입니다.

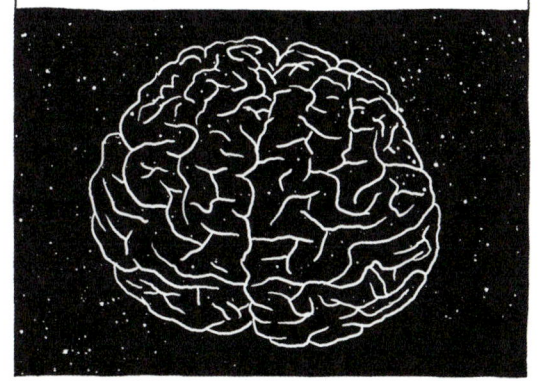
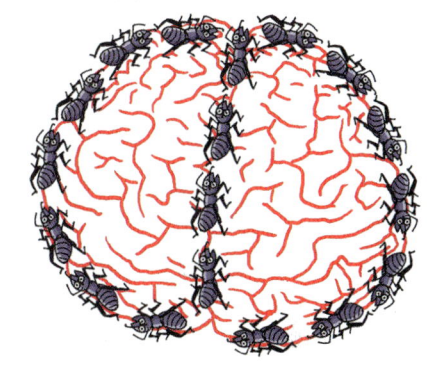

카발라 명상법

다음은 카발라* 학자들이 문헌을 연구하기 전에 머리를 맑게 하기 위해 사용하던 명상법입니다.

* '전통'을 뜻하는 히브리어로서, 유대교의 신비주의적 전통을 말함.

먼저 등이 바닥에 닿게 누워서 발을 약간 벌립니다. 팔을 몸에 붙이지는 말고 몸과 나란하게 쭉 뻗습니다. 손바닥은 위를 향하게 놓습니다.

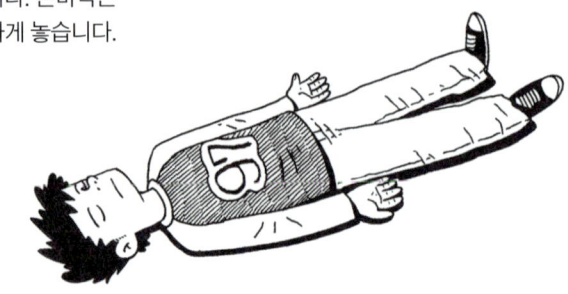

명상은 자기 허파 안에 들어오는 공기에 대한 생각으로 시작합니다. 그런 다음, 가슴이 열리고 허파 안으로 공기가 들어오는 것을 느껴야 합니다.

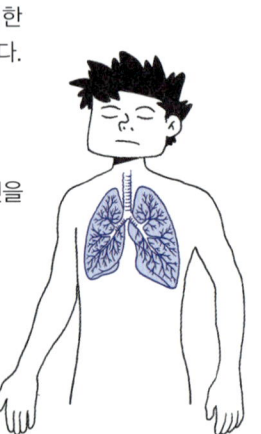

처음에는 숨을 천천히 들이마셔, 더러운 피가 다리를 거쳐 발가락으로부터 빠져 나가고…

허파에 산소가 풍부해지고 있다고 생각합니다.

숨을 내쉬면서 산소를 가득 빨아들인 스펀지 같은 허파가 다리에서 발가락 끝에 이르기까지 하반신 구석구석에 깨끗한 피를 분산시키고 있다고 상상합니다.

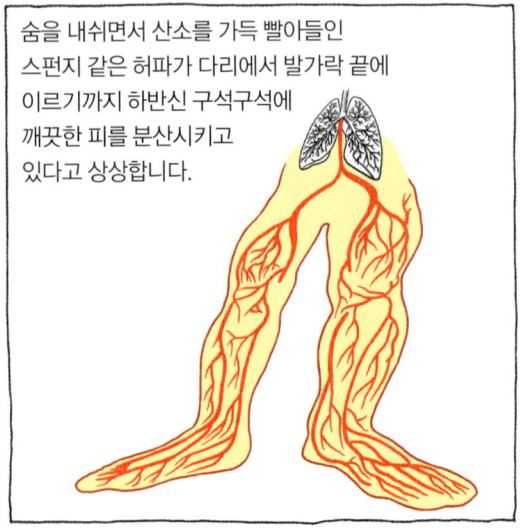

그런 다음, 다시 숨을 들이마시면서 복부 기관의 피를 허파로 빨아들인다고 생각합니다.

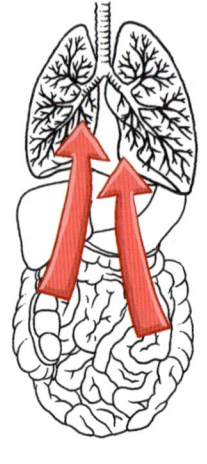

숨을 내쉬면서 활력이 넘치는 피가 간, 지라, 소화기, 생식기, 근육을 흥건히 적시고 있다는 느낌을 가져야 합니다.

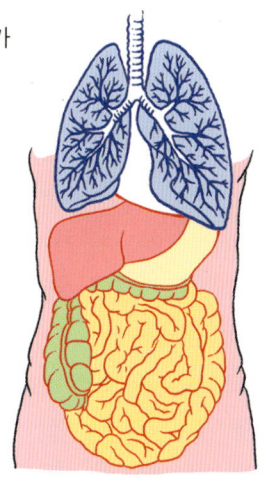

다시 숨을 들이마시면서 손과 손가락의 혈관을 깨끗한 피로 가신다고 생각합니다.

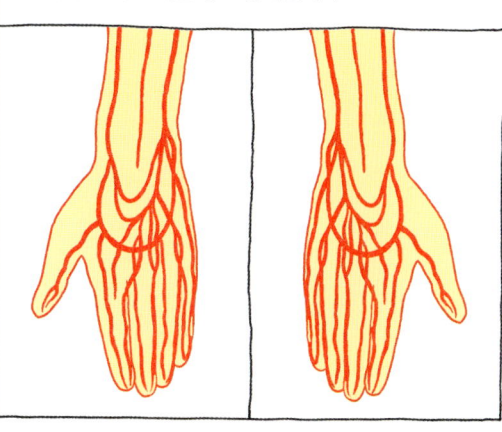

마지막으로 한층 더 깊이 숨을 들이마시면서 뇌의 피를 허파로 빨아들이고 고여 있는 생각들을 모조리 비워 허파로 보냅니다.

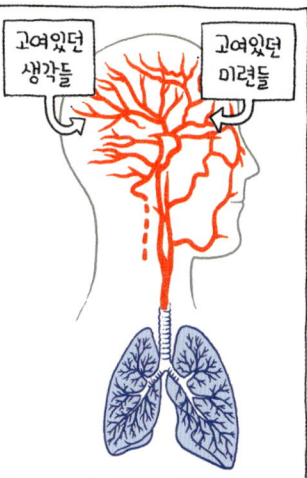

그런 다음, 활력으로 가득 찬 피와 맑아진 생각을 뇌로 돌려보냅니다.

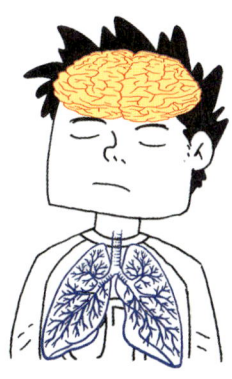

각 단계가 눈으로 보듯 분명하게 느껴져야 합니다.

뇌에 깨끗하고 활기찬 피가 가득하게 하려면 머릿속에 있는 더러운 것을 모두 씻어 내야 합니다.

컴퓨터가 아직 풀지 못하는 수수께끼

크리슈나무르티

계시에 따라 헬레나는 견신론(見神論) 운동을 일으켰고, 많은 추종자들을 만들었습니다.

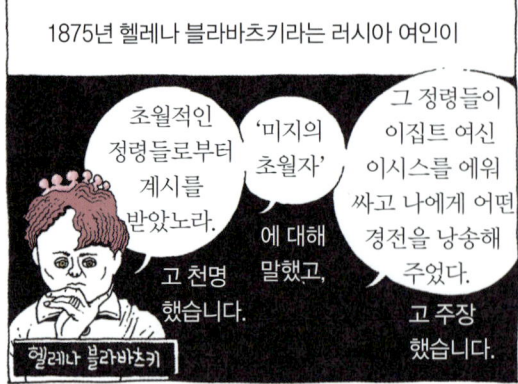

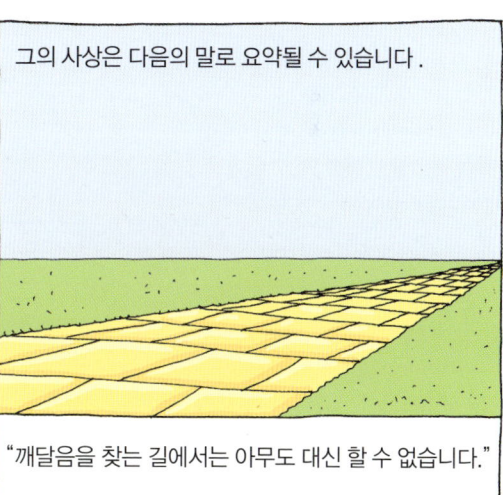

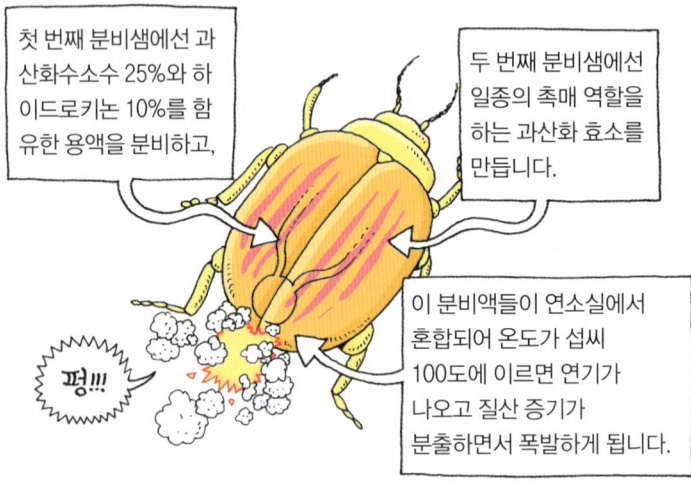

어떤 곤충학자들은, 사람들이 그것들을 자극했을 때 단숨에 스물네 번까지 쏠 수 있는 종을 발견하기도 했습니다.

폭격기 딱정벌레는 오렌지 빛과 은빛 파란색이어서 눈에 띄기가 아주 쉽습니다. 대포로 무장했으니까 아무리 요란한 옷을 입고 자신을 드러내도 끄떡없다고 느끼는 것처럼 행동합니다.

대체로 현란한 빛깔과 화려한 딱지 날개를 자랑하는 딱정벌레목 벌레들은 모두 호기심 많은 자들을 퇴치할 수 있는 아주 기발한 방어 수단을 가지고 있습니다.

그럼에도 불구하고, 폭격기 딱정벌레들이 그 '기발한 방어 수단'을 즐겨 사용한다는 것을 아는 생쥐는

혼합과 폭발이 일어나기 전에 딱정벌레의 배를 즉각 모래 속에 처박아 버립니다.

모래 속에서 마구잡이로 공격해서 그 곤충이 모든 폭약을 헛되이 다 써버렸을 때…

생쥐는 머리부터 삼킵니다.

파킨슨 법칙

그 이유는 아주 간단합니다. 고위 간부들이 강력한 경쟁자들이 나타나는 것을 두려워하기 때문입니다.

위험한 경쟁자들이 생기지 않게 하는 가장 좋은 방법은 무능한 사람들을 고용하는 것입니다.

또 사람들이 반기를 들 생각을 못 하게 하는 가장 좋은 방법은 그들에게 지나치게 많은 급료를 주는 것입니다.

그렇게 함으로써 지배 계급들은 영원한 평온에 대한 확신을 갖게 되는 것입니다.

최소 공배수

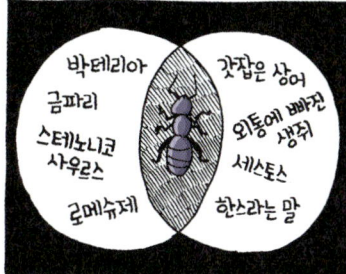

동물에 대한 경험으로 지구의 모든 사람들이 가장 많이 공유하고 있는 것은 개미와의 만남입니다.

고양이나 개, 벌이나 뱀을 한 번도 본 적이 없는 사람들은 분명히 찾아볼 수 있습니다.

그러나 개미를 가지고 한두 번쯤 장난을 쳐보지 않은 사람들을 만나기란 쉽지 않을 것입니다.

개미와의 만남은 가장 널리 퍼져 있는 우리들의 공통적인 경험입니다.

그런데 우리의 손 위에서 걸어가는 개미를 관찰해 보면, 다음과 같은 기본적인 사실을 확인할 수 있습니다.

첫째, 개미는 자신에게 무슨 일이 일어나고 있는가를 알기 위해서 더듬이를 흔듭니다.

둘째, 개미는 자기가 갈 수 있는 곳이면 어느 곳이든 갑니다.

셋째, 개미가 가는 길을 손으로 막으면, 개미는 그 손으로 옮아갑니다.

넷째, 젖은 손으로 개미 앞에 선을 그으면 개미를 세울 수 있습니다.

개미는 눈에 보이지 않는, 뛰어넘을 수 없는 장벽이 있기라도 한 듯 머뭇거리다가 결국 돌아서 갑니다.

이런 사실을 모르는 사람은 없죠. 그렇지만 우리 조상들과 현대인들이 공유하고 있는, 초보적이고 유치한 이 지식이 활용되는 곳은 아무데도 없습니다.

학교에서 개미를 공부하는 방식은 따분하기 이를 데 없습니다.

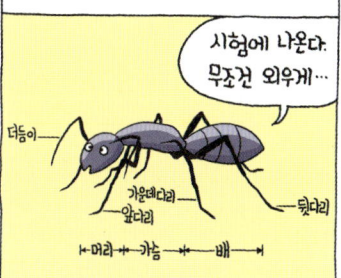

개미의 신체 부위 이름 따위나 외우라는데 솔직히 무슨 재미가 있겠습니까?

한스의 속임수

사람들은 한스를 상대로 갖가지 실험을 했습니다. 한스는 어떤 실험에서도 자기의 재능을 유감없이 발휘하였습니다.

말과 주인만이 아는 모종의 암호가 있을지도 모른다는 생각에 주인을 입회시키지 않고 실험을 해보았지만, 결과는 마찬가지였습니다.

동물학자에 이어 생물학자와 물리학자, 나중에는 심리학자와 정신과 의사들까지 세계 전역에서 한스를 보러 왔습니다.

그들은 의심을 품고 왔다가

어안이 벙벙해져서 돌아갔습니다.

비밀이 어디에 있는지는 깨닫지 못했지만, 한스가 '비범한 동물'이라는 점은 인정하지 않을 수 없었습니다.

1904년 9월 12일, 학위를 지닌 13명의 전문가들은 한스가 보여 주는 능력이 사기일 가능성을 일체 배제하는 보고서를 펴냈습니다.

당시에 그것은 세상을 떠들썩하게 만들었고 과학계는 한스가 사람과 똑같은 지능을 지녔다는 생각에 익숙해지기 시작했습니다.

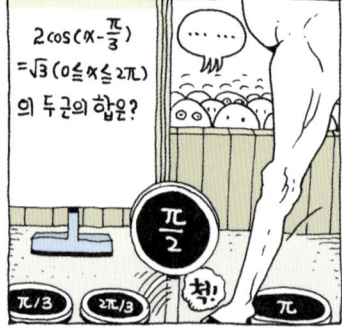

비밀이 드러나자, 학계의 태도는 표변(豹變)하였습니다. 학자들은 그렇게 쉽게 속아 넘어간 것을 후회하면서 그때부터는 동물의 지능과 관련된 일체의 실험에 으레 회의적인 반응을 보이게 되었습니다.

오늘날에도 대부분의 대학에서는 한스의 사례를 속임수의 희화적인 본보기로 가르치고 있습니다.

하지만, 가련한 한스에게는 사람만큼 똑똑하다는 영광도 속임수에 능하다는 오명도 걸맞지 않습니다.

한스는 그저 사람들의 태도를 해석할 수 있는 능력이 있어서 한때 사람과 대등한 동물로 오해를 받았을 뿐입니다.

어쩌면 한스가 사람들을 불쾌하게 만든 진짜 이유는 더 깊숙한 다른 곳에 있을지도 모릅니다.

동물에게 자기의 속마음을 들킨다는 건 결코 기분 좋은 일이 아닐 테니까 말입니다.

함께 있기

아무 말도 하지 않고 아무 행위도 하지 않고 그저 함께 앉아 있는 것으로 충분합니다.

수피즘* 철학에 따르면, 벗들이나 사랑하는 사람들과 함께 앉아 있는 것은 행복을 얻는 가장 좋은 방법입니다.

"어떻게 여기까지?"

"선배, 안녕?!"

"내 말을 알아듣지 못한다 해도…"

*수피즘 : 이슬람 신비주의. 교파나 분파라기보다는 신비주의적 실천 활동을 일컫는 말.

같이 있으면 기분 좋은 사람들에 둘러싸여 있다는 것 자체가 더할 나위 없는 기쁨입니다.

더 이상 마음을 쓰거나 떠벌릴 필요도 없습니다.

"앉아도 될까?"

그저 말없이 함께 있음을 즐기기만 하면 됩니다.

호르몬과 페로몬

인간이 두려움이나 즐거움이나 분노를 느끼게 되면, 내분비샘에서 호르몬이 분비되는데,

그 호르몬은 인간의 몸 내부에만 영향을 끼칩니다.

호르몬은 외부와 교류하지 않고 몸 안에서만 순환합니다.

지금 어떤 사람이 어떤 감정을 느껴서, 심장 박동이 빨라지려 하거나, 땀이 나려 하거나, 얼굴을 찡그리려 하거나, 소리를 치려 하거나, 울려 한다고 칩시다.

그런 것은 그 사람의 일일 뿐 다른 사람들은 그를 덤덤하게 바라볼 것입니다.

때에 따라서는 연민의 눈길로 바라보기도 할 터이지만 그것은 그들의 이성이 그렇게 판단했기 때문입니다.

개미가 두려움이나 즐거움이나 분노를 느끼게 되면,

호르몬이 몸 내부에서 순환할 뿐만 아니라 몸 바깥으로 나가 다른 개미들의 몸 안으로 들어갑니다.

몸 밖으로 나가는 호르몬이 이른바 페로-호르몬 즉 페로몬인데, 이것이 있는 덕분에, 개미들은 한 마리가 소리치려 하거나 울려고 하면 수백만의 개미가 동시에 같은 상태가 되는 것입니다.

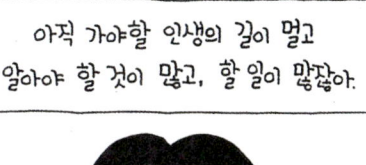

남들이 경험한 것을 똑같이 느낀다는 것, 자기 자신이 느낀 것을 남이 똑같이 느끼게 한다는 것은 놀라운 감각임에 틀림없습니다.